아프리카의 성자

슈바이처

아프리카의 성자

슈바이처

황영옥 지음

자음과모음

차례

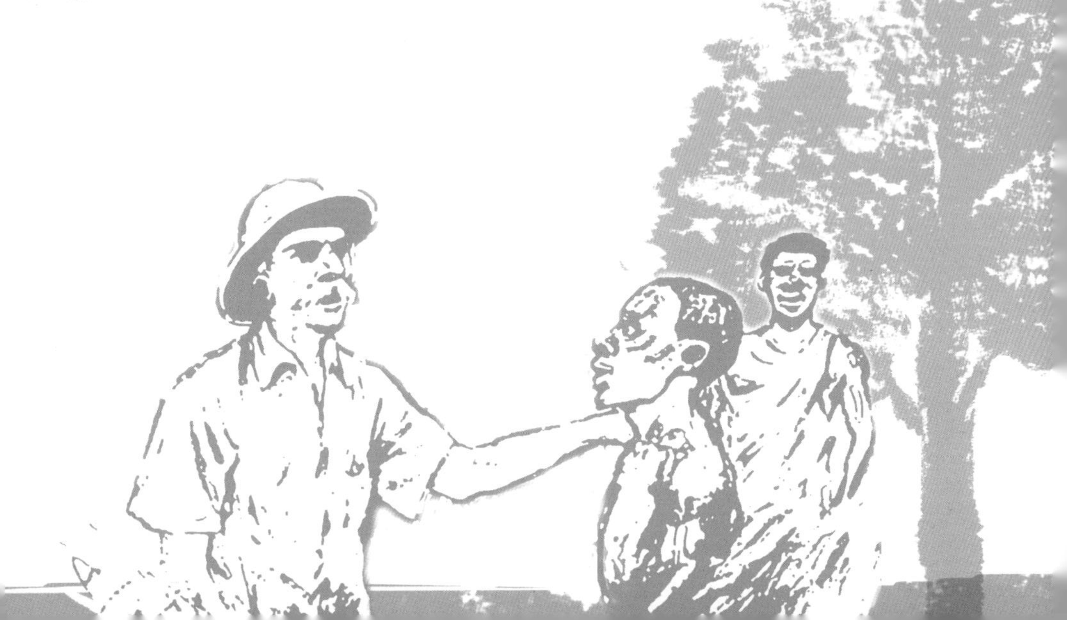

1장

꿈의 탄생

알자스의 소년

소년들은 자라면서 누구나 몇 번의 싸움을 경험한다. 몸과 몸이 뒤엉켜 서로 치고 박는 그 원시적인 경험에서 소년들은 무언가를 잃거나 무언가를 얻는다. 그리고 싸움의 결과를 그들은 혼자만의 비밀로 간직한다. 부모는 그들이 무슨 이유로, 누구와 싸웠는지 알지 못한다. 그것은 그들만의 세계이며, 그 비밀로부터 소년들은 무언가를 배운다.

게오르그.

소년 슈바이처의 가슴에 새겨진 최초의 비밀은 게오르그였다. 그는 게오르그와의 일을 누구에게도 말하지 않았다. 가족들은 소년이 무슨 생각을 하고 있는지 알 수 없었다.

그가 어느 날 갑자기 고기를 먹지 않겠다고 선언했을 때, 그래서 아버지는 부드러운 말로 아들을 타일렀다.

"먹어라."

아버지는 아들이 일시적인 변덕이나 투정을 부리고 있다고 생각하는 게 분명했다. 어른들은 소년들에게 그들만의 세계가 있다는 사실을 흔히 잊어버리곤 한다.

"싫어요. 안 먹을래요."

슈바이처의 대꾸는 단호했다. 아버지는 들고 있던 포크를 접시 가장자리에 내려놓고 식탁 너머로 아들을 건너다보았다.

"도대체 왜 안 먹겠다는 거냐? 갑자기 고기를 먹지 않겠다는 이유가 뭐야!"

아버지의 음성에 역정이 묻어났다. 평소 온화하고 자상하신 아버지지만 아들의 이유 없는 고집에 그만 짜증이 났던 것이다.

슈바이처는 접시 위로 고개를 떨군 채 고집스럽게 입을 다물고 있었다. 감자와 양배추를 넣어 끓인 쇠고기 스튜는 그사이 싸늘하게 식어 버렸다.

"얘야……."

아버지는 부아를 가라앉히며 다시 한 번 아들을 불렀다.

"뭐든 골고루 먹어야 한단다. 더구나 너처럼 한창 자랄 나이에는 고기도 적당히 먹어 줘야 하는 거야. 입맛이 없더라도 먹어 두렴."

슈바이처는 아버지의 말씀을 거역하는 것이 송구스러웠다. 그렇지만 아버지로부터 어떤 꾸중을 듣더라도 자기 자신과 했던 약속을 깨뜨리지는 않겠다고 다시 한 번 다짐했다.

"고기 같은 것 안 먹고 사는 사람들도 많아요. 저도 이제부터 고기는 먹지 않을 거예요."

아들의 고집에 아버지는 결국 참았던 노여움을 터뜨렸다.

"글쎄, 이유가 뭐냐! 고기를 안 먹는 이유를 말해 보라는데도!"

서슬에 놀란 누이들은 겁먹은 비둘기처럼 어깨를 움츠린 채 아버지와 슈바이처의 눈치를 살폈다. 어머니의 얼굴에도 안타까움이 피어올랐다. 화목하던 저녁 식탁의 분위기는 식어 버린 스튜처럼 싸늘해졌다.

슈바이처는 자기 때문에 가족의 저녁 식사를 망친 것이 너무도 죄송스러웠다. 그렇지만 무슨 일이 있어도 고기를 먹을 수 없는 이유를 밝힐 수는 없었다. 그것은 그만의 비밀이었으며, 또한 왠지 그렇게 하는 것이 게오르그에 대한, 어쩌면 게오르그와 처지가 비슷한 이웃들에 대한 도리일 것 같다는 생각이 들었기 때문이었다.

게오르그는 마을 소년들의 대장이었다.

그와 슈바이처 사이에 싸움이 붙었을 때, 그래서 소년들은 당연히 게오르그가 이길 거라고 생각했다. 그런데 뜻밖에도 슈바이처가 골목대장 게오르그를 보기 좋게 때려눕혔던 것이다.

슈바이처는 의기양양한 얼굴로 게오르그를 내려다보았다. 걸핏하면 대장이라고 거들먹거리곤 하던 게오르그를 이겼다는 사실이 자랑스러웠다. 그때 게오르그가 분하다는 듯 씩씩대며 말했다.

"나도 너처럼 일주일에 두 번씩 고깃국을 먹었더라면 절대로 너한테 지지 않았을 거다."

그 말을 듣는 순간 슈바이처는 몹시 충격을 받았다.

그는 게오르그의 멱살을 잡았던 손을 놓았다.

게오르그가 한 말이 화살처럼 슈바이처의 가슴에 날아와 박혔다. 갑자기 온 세상이 침묵에 잠겼다. 두 사람을 에워싸고 싸움을 구경하던 소년들 사이에도 무거운 침묵이 흘렀다. 그들 모두가 1년 가야 고깃국 한 번 구경할까 말까 한 가난한 집안의 아이들이었다. 슈바이처는 그 친구들과 눈길을 마주칠 수 없어 고개를 숙인 채 말없이 그 자리를 떠났다.

'나도 너처럼 일주일에 두 번씩 고깃국을 먹었더라면 절대로 너한테 지지 않았을 거다.'

게오르그의 목소리가 귓전에 울렸다.

슈바이처는 그 말을 잊을 수가 없었다.

'게오르그의 말이 맞아……. 그건 공정한 싸움이 아니었어…….'

그날 이후 슈바이처는 두 번 다시 고깃국을 입에 대지 않았다. 그뿐만 아니라 아무리 추운 날씨에도 외투를 입지 않았다.

'어딘가에 헐벗은 이웃이 있는 한 나 혼자 따뜻하게 지내는 것은 부끄러운 일이다. 어딘가에 굶주린 이웃이 있는 한 나 혼자 배부르게 먹는 것은 부끄러운 일이다. 어딘가에 고통받는 이웃이 있는 한 나 혼자 행복한 것은 부끄러운 일이다.'

이것이 게오르그와의 싸움에서 슈바이처가 얻은 교훈이었다.

가난한 이웃과 힘없는 생명들에 대한 슈바이처의 남다른 감성은 타고난 것이었다.

어느 날 마을 아이들과 고무총을 가지고 참새잡이를 갔을 때, 슈바이처는 나뭇가지에 앉아 있는 작은 참새를 보고 깊은 동정심을 느꼈다. 참새는 아이들이 저를 잡으려는 것도 모르고 까만 눈을 굴리며 부지런히 먹이를 찾고 있었다. 제게 닥친 위험을 알지 못한 채 열심히 모이를 쪼고 있는 참새의 모습이 슈바이처에게는 너무도 가엾게 느껴졌다. 그리고 단지 재미 삼아서 생명을 죽이는 것은 옳지 않은 일이라는 생각이 들었다. 슈바이처는 고무총을 집어던지며 소리쳤다.

"위험해! 도망가! 어서 멀리 날아가 버려!"

참새는 슈바이처의 말을 알아들었다는 듯이 작은 날개를 펼치고 어디론가 사뿐히 날아갔다.

"뭐야! 너 때문에 놓쳤잖아!"

아이들이 투덜거렸지만 슈바이처의 가슴은 뿌듯했다. 어딘가 안

전한 곳으로 날아가 다시 찍찍거리며 모이를 쪼고 있을 참새의 모습이 떠올랐다. 그 귀여운 참새의 목숨을 구할 수 있었으니 친구들의 원망을 듣는 것쯤은 아무것도 아니라고 그는 생각했다. 아무리 작은 새 한 마리라도 생명은 모두 소중한 것이라는 굳은 신념을 그는 이미 그때부터 가슴속에 키우고 있었다.

이 소년이 뒷날 수많은 아프리카 흑인의 생명을 구한 '밀림의 성자' 슈바이처 박사이다. 그는 대학에서 철학과 신학을 공부하여 각각 박사 학위를 받고, 젊은 나이에 이미 파이프오르간 연주자로도 명성을 날리던 다재다능한 청년이었다. 그러나 의사가 되어 아프리카 흑인들을 질병의 고통으로부터 구하고자 나이 서른에 그는 다시 의학 공부를 시작했다.

7년 동안의 힘든 공부를 마치고 마침내 의사가 된 그는 대학교수와 목사라는 안정된 생활을 뒤로하고 암흑의 땅 아프리카로 떠났다. 그를 아끼는 친지들의 만류와 그의 어리석음을 비웃는 몇몇 사람의 손가락질에도 슈바이처의 결심은 흔들리지 않았다.

'어딘가에 고통 받는 이웃이 있는 한 나 혼자 행복한 것은 부끄러운 일이다.'

'모든 생명은 똑같은 가치를 지니고 있다. 그리고 누구나 행복한 삶을 누릴 권리가 있다.'

적도 아프리카를 향하는 증기선의 갑판 위에서 슈바이처는 자신의 마음이 들려주는 소리에 귀를 기울이고 있었다. 살아가면서 뭔가 어려운 결정을 내리거나 힘든 고비를 넘길 때마다 그는 언제나 그 소리에 귀를 기울이곤 했다.

그가 어렸을 때 아버지는 집에서 몇 통의 꿀벌을 쳤다. 어느 날 꿀벌을 돌보는 아버지 곁에서 놀던 슈바이처가 벌한테 쏘인 적이 있었다. 너무 아프고 놀란 나머지 슈바이처는 울음을 터뜨렸다. 슈바이처의 울음소리를 듣고 어머니가 놀라서 달려 나왔다.

"당신, 정신이 있는 거예요? 아이가 웃통을 벗고 있는데 벌통을 만지면 어떻게 해요?"

어머니가 나무라자 아버지는 쩔쩔매며 변명을 했다.

"잠깐만 살펴본다는 게 그만……."

"말이 되는 소리예요? 벌통을 만질 양이면 그 전에 애한테 주의를 줬어야죠."

어머니가 역성을 들어 주는 게 신이 나서 슈바이처는 점점 더 큰 소리로 울어 댔다. 그러자 어머니의 목소리도 점점 커졌고 아버지는 점점 더 어쩔 줄을 몰라 했다.

슈바이처는 아버지가 어머니 앞에서 쩔쩔매는 것이 재미있었다. 그래서 더욱 큰 소리로 울었다. 그런데 한참을 울다가 보니 이제는 전혀 아프지도 않은데 자신이 계속 울어 대고 있는 것이 아닌가.

순간 슈바이처의 가슴속에서 어떤 목소리가 들려왔다.

'이 녀석아, 거짓 울음은 그만 울어라.'

그것은 마음의 소리였다. 슈바이처는 그때 처음으로 마음의 소리라는 걸 알게 되었다. 그리고 모든 사람의 가슴속에는 마음의 소리를 들려주는 양심이라는 것이 있다는 것, 또한 양심이 일러주는 것은 언제나 옳다는 사실도 아울러 알게 되었다.

그날 이후 그는 언제나 마음의 소리에 귀를 기울였다. 그리고 무슨 일을 하든 그 소리가 가리키는 바를 따랐다.

그로 하여금 유럽에서의 안락한 삶과 명성을 등지고 식인종이 득실거리는 오지 아프리카로의 여행을 감행하게 한 것도 바로 이 마음의 소리였다. 주위 사람들은 그가 철학과 신학, 그리고 음악에서 그동안 쌓아 온 성과들을 버리고 떠나는 것을 안타까워했다. 그러나 슈바이처는 마음의 소리가 언제나 옳다는 것을 알고 있었기에 자신의 선택에 대해 한 점 회의도 없이 머나먼 아프리카를 향한 첫발을 내디딜 수 있었던 것이다.

당시 아프리카는 유럽 여러 나라의 식민 통치 아래서 가난과 질병에 신음하던 고통의 대륙이었다. 원주민들은 온갖 종류의 질병과 죽음에 무방비 상태로 방치되어 있었으며, 간단한 처방과 치료만으로 구할 수 있는 귀중한 생명들이 파리 떼처럼 어이없이 스러져 갔다.

슈바이처는 의학 지식뿐 아니라, 자신의 전 생애와 사랑을 바쳐

이 문명의 혜택으로부터 소외된 아프리카 대륙의 흑인들에게 생명을 되찾아 주었고, 그때까지 아프리카의 참상에 무관심했던 유럽 사람들에게 새로운 반성과 각성의 계기를 마련해 주었다.

세상 사람들은 그를 '아프리카의 등불'이라고 불렀다.

혹은 '밀림의 성자', '인류의 양심'이라고.

이제 우리는 알자스 산골 마을의 그 어린 소년이 인류의 어둠을 밝힌 위대한 스승으로 성장해 가는 길고 험난한 여정을 짚어 보려고 한다. 그는 우리와 마찬가지로 동네 아이들과 어울려 싸움박질을 하고 고무총으로 참새를 잡으러 다니던 개구쟁이 소년이었다. 부모님 앞에서 고집을 피우고 때로는 거짓 엄살을 부리기도 하던 소년이었다.

그는 우리와 무엇이 같고 무엇이 달랐을까? 공부는 어떻게 했을까? 어른이 되어서는 무슨 생각을 하면서 어떻게 살았을까?

슈바이처는 이렇게 말했다.

"아무리 보잘것없는 개인적 활동이라도 그것을 통해 다른 사람이 필요로 하는 인간이 될 기회를 포착하려고 할 때 인간은 비로소 구제될 수 있다."

씨앗 하나가 꽃을 피우기로 마음먹는다면 세상은 머지않아 꽃향기로 가득 차게 될 것이다. 큰 사랑을 이루는 것은 언제나 작은 마음들이다. 슈바이처의 삶은 한 사람의 마음에 간직된 사랑만으로 세상이 얼마나 아름답고 따뜻해질 수 있는지를 우리에게 보여 준다. 중요한 것은 바로 그 '한 사람'이다. 그리고 우리 모두는 누구라도 그 '한 사람'이 될 수 있는 씨앗을 마음속에 지니고 있다.

음악과 함께 성장하다

알베르트 슈바이처.

그는 1875년 1월 14일, 고지 알자스의 카이저스베르크에서 교구 목사 루트비히 슈바이처의 둘째 아이로 태어났다. 할아버지는 저지 알자스의 파펜호펜에서 학교 교사 겸 교회의 파이프오르간 연주자로 있었으며, 할아버지의 세 형제도 모두 같은 직업에 종사하고 있었다. 어머니는 뮌스터 계곡 뮐바흐에 있는 교회 목사의 딸이었다.

슈바이처가 태어난 지 2, 3주일 후에 그의 집안이 뮌스터 계곡의 귄스바흐로 이사를 갔다. 그곳에서 그는 누이 셋, 남동생 하나와 함께 행복한 어린 시절을 보냈다.

슈바이처가 다섯 살이 되자 아버지는 외할아버지에게서 물려받은 낡은 사각형 피아노로 그에게 피아노를 가르치기 시작했다. 아버지의 음악 실력은 대단한 것이 아니었지만 즉흥 연주만은 일품이었다.

일곱 살 때 슈바이처는 학교에서 자작한 화음을 붙여 가며 페달식 오르간의 일종인 하모늄으로 찬송가를 연주하여 선생님들을 놀라게 했다. 여덟 살 때부터는 다리가 페달에 닿을까 말까 한 몸집으로 파이프오르간을 연주하기 시작했고, 아홉 살이 되자 교회에서 예배를 볼 때 파이프오르간 연주자를 대신해도 좋다는 허락을 받을 정도로 실력을 인정받았다.

파이프오르간에 대한 슈바이처의 재능은 외할아버지에게서 물려받은 것이었다. 그의 외할아버지는 파이프오르간 연주와 제작에 관심이 대단했으며, 그 자신이 훌륭한 즉흥 연주자였다. 그래서 어느 도시를 가든 먼저 그곳의 파이프오르간에 관해 알려고 했을 뿐만 아니라, 루체른 대성당에 유명한 파이프오르간이 설치될 때는 그 제작 과정을 보기 위해 일부러 그곳을 찾아갔을 정도였다.

1884년 가을까지 슈바이처는 아버지가 목사로 있던 귄스바흐의 마을 학교에 다녔다. 그다음에는 뮌스터에 있는 실업 학교를 1년간 다녔다. 실업 학교란 라틴어를 가르치지 않는 중학교를 말한다. 고등학교에 들어가기 위해서는 라틴어가 필수였기 때문에 그는 이곳에서 라틴어 개인 지도를 받으며 고등학교 5급 반에 들어갈 준비를 했다.

이듬해 가을, 슈바이처는 알자스의 뮐하우젠 고등학교에 입학했다. 할아버지의 이복형제이며 슈바이처의 대부였던 루트비히 슈바이처가 그곳의 초등학교 교장이었는데, 슈바이처를 자기 집에서 지낼 수 있게 해 주었다. 그러지 않았더라면 적은 봉급으로 여러 식구를 먹여 살려야 하는 아버지의 처지로는 그를 고등학교에 보낼 수 없었을 것이다.

슬하에 자녀가 없는 루트비히 할아버지 댁에서 받은 엄격한 훈육은 슈바이처에게 큰 도움이 되었다. 슈바이처는 할아버지 내외분에게 진심으로 감사하면서 두 분의 사랑에 보답하기 위해 더욱 열심히 공부했다.

그러나 고등학교에 입학한 후 처음 한동안은 성적이 좋지 못했다. 마을 학교와 실업 학교에서는 그럭저럭 진도를 따라가는 편이었는데, 개인 지도를 통해 준비한 라틴어 실력이 5급 반을 따라가기에는 충분하지 않았던 것이다.

다행히 4급 반 때 담임을 맡은 베만 선생님이 그에게 올바른 학습 방법을 가르쳐 주었다. 그뿐만 아니라 선생님은 슈바이처가 자신감을 갖도록 여러모로 세심하게 신경을 써 주었다. 그 선생님의 학습 방법을 기억하며 열심히 공부한 슈바이처는 성적이 조금씩 나아지기 시작했다.

당시 슈바이처는 베만 선생님이 수업에 들어오기 전에 언제나 빈틈없이 준비를 해 가지고 온다는 사실에 깊은 감명을 받았다. 선생님은 슈바이처에게 의무 완수의 완벽한 본보기가 되었다.

졸업을 하고 어른이 된 뒤에도 슈바이처는 여러 번 베만 선생님을 찾아갔다. 1차 세계 대전이 끝날 무렵, 선생님이 마지막으로 살았던 스트라스부르를 방문했을 때 슈바이처는 무엇보다도 먼저 선생님의 안부를 수소문해 보았다. 선생님이 전쟁통에 굶주리다 정신병으로 자살했다는 소식을 듣고 슈바이처는 가슴이 무너지는 듯한 슬픔을 느꼈다.

고등학교 시절 슈바이처에게 큰 영향을 미친 또 한 분의 선생님은 음악을 가르치던 뮌히 선생님이었다. 베를린 음악대학을 갓 졸업하고 성 슈테판 교회의 파이프오르간 연주자로 활약하고 있던 뮌히 선생님은 그 무렵 고개를 들기 시작하던 바흐 열풍에 사로잡혀 있었다. 슈바이처가 일찍부터 바흐의 작품들을 알게 되었고, 열다섯 살 때부터 훌륭한 파이프오르간 교습을 받을 수 있었던 것도 모두 뮌히 선생님 덕분이었다.

뮌히 선생님은 슈바이처가 스트라스부르 대학에서 철학과 신학 과정을 마치고 소르본 대학에서 철학 강의를 듣기 위해 파리에 머물고 있던 1898년 가을에 세상을 떠났다. 한창 나이에 장티푸스로 세상을 하직한 선생님을 기념하기 위하여 슈바이처는 프랑스어로 작은 책을 써서 뮐하우젠에서 출판했다. 『오이게네 뮌히』라는 제목으로 출간된 이 책은 슈바이처의 여러 저작 가운데서 활자화된 첫 번째 책이 되었다.

고등학교에서 슈바이처가 흥미를 느낀 과목은 역사와 자연과학이었다. 어학과 수학에서는 좀 더 특별한 노력이 필요했다. 그러나 시간이 지나면서 그는 차츰 소질이 없는 과목을 정복하는 데 매력을 느끼게 되었다. 덕분에 상급반에 올라가서는 최우등생은 못 되어도 우수한 축에는 낄 수 있게 되었다. 슈바이처가 특별히 뛰어났던 과목은 작문이었다. 고등학교 전 과정을 통틀어 작문에서만큼은 언제나 1등을 차지하곤 했다.

1893년 6월, 슈바이처는 졸업 시험에 합격했다.

필기시험은 별로 잘 보지 못한 편이었다. 그러나 구두시험에서 역사에 관한 지식과 판단으로 고시 위원장의 주목을 받았다. 당시 교육감으로 있던 고시 위원장 알브레히트 박사는 슈바이처에게 '수'를 주어야 한다고 강력하게 주장했다. 역사에서 받은 이 유일한 '수'가 다른 과목에서는 평범하기 짝이 없는 그의 졸업 증서를 멋지게 장식해 주었음은 물론이다.

그해 10월, 슈바이처는 파리에서 장사를 하고 있던 큰아버지 덕택으로 파리의 파이프오르간 연주의 거장 위도르 교수에게서 사사

받을 기회를 얻게 되었다. 평소 위도르 교수와 친분이 있던 마틸데 아주머니가 재능 있는 조카를 위해 이 대가와의 만남을 주선해 주었던 것이다.

위도르 교수는 음악학교에서 파이프오르간을 전공하는 학생 이외의 다른 학생은 가르치지 않는 것으로 유명했다.

교수는 처음 만난 슈바이처에게 물었다.

"어떤 곡을 연주해 보겠나?"

슈바이처는 주저 없이 대답했다.

"물론 바흐입니다."

연주를 듣고 난 위도르 교수는 그 자리에서 슈바이처를 제자로 받아 주었다. 뮌히 선생님으로부터 훌륭한 예비 교육을 받은 덕분에 슈바이처의 기량은 이 까다로운 대가의 마음을 단번에 사로잡을 만큼 성숙해 있었던 것이다.

이후 슈바이처는 방학 때마다 파리로 가서 위도르 교수의 지도를 받았다. 위도르 교수와의 만남은 슈바이처에게 말할 수 없이 중대한 사건이었다. 슈바이처는 위도르 교수의 지도로 음악에 있어서의 건축적인 의미를 처음으로 이해하게 되었다. 위도르 교수는 기교를 심화하고 연주에 있어서 완벽한 조각성을 추구하도록 그를 지도했다.

1893년 10월 말, 슈바이처는 고향으로 돌아와 스트라스부르 대학에 입학했다.

당시 스트라스부르 대학은 전성기를 맞이하고 있었다. 교수도 학생도 전통에 구애받지 않고 근대적 이념을 구현하기 위해 함께 노력했다. 교수진에서 나이 든 교수는 찾아볼 수 없었다. 교정 어디서나 학생과 교수의 싱싱한 젊음이 어우러졌다.

슈바이처는 성 토마스 신학회 기숙사에서 생활하면서 신학부와 철학부의 강의를 동시에 들었다.

고등학교에서는 히브리어 기초만을 배웠기 때문에 첫 학기는 히브리어 예비시험을 준비하는 데 많은 시간을 보냈다. 피나는 노력 끝에 그는 이듬해 2월, 시험에 합격했다. 여느 학생들이라면 되돌아보기조차 지긋지긋했을 고생스런 몇 달이었다. 그러나 슈바이처는 뒷날 이 힘겨웠던 언어를 제대로 정복해 보고 싶다는 충동을 느끼고 다시 한 번 힘든 공부에 도전했다. 덕분에 그는 모든 사람이 어렵다고 말하는 이 언어에 대하여 훌륭한 지식을 습득할 수 있었다.

시험이나 강요에 의해서가 아닌 스스로 하는 공부에 일찍부터 재미를 느낀 것은 슈바이처의 남다른 점이었다.

학창 시절, 그는 특별히 눈에 띄는 학생은 아니었지만 언제나 무언가를 알고자 하는 열망에 차서 자발적으로 공부하는 학생이었다. 고등학교에서 수학과 어학을 공부할 때도 그랬고 어려운 히브리어를 독학으로 마스터한 것도 그랬다.

대학에 들어가서 히브리어 시험 준비로 바쁜 중에도 그는 신학과 철학 강의를 빼놓지 않고 들었다. 신학의 홀츠만 교수와 철학을 가르치던 빈델반트 교수의 강의가 너무도 흥미로웠기 때문에 시험 걱정을 하면서도 강의를 빼먹을 수가 없었던 것이다.

슈바이처가 철학과 신학, 음악과 의학 등의 여러 분야에 걸쳐서 한 인간이 한 생애를 통해 이룰 수 있으리라고는 도저히 상상할 수 없는 빛나는 업적을 이룩할 수 있었던 것은 바로 이런 자세와 태도 덕분이었다고 할 수 있다.

1894년 4월부터 군 복무가 시작되었지만 슈바이처는 중대장의 배려로 매일 오후 2시면 대학에 가서 빈델반트 교수의 강의를 들을 수 있었다. 그해 가을, 저지 알자스의 호호펠덴 지방으로 기동 훈련을 나갔을 때 그는 배낭에 그리스어 성서를 넣어 가지고 갔다. 장학금을 타려는 신학생은 겨울 학기 초에 세 과목의 시험에 합격해야 했다. 단 군 복무 중인 학생은 그 가운데 한 과목만 합격하면 된다는 조건이었다. 슈바이처는 홀츠만 교수의 강좌를 시험 과목으로 선택했는데, 존경하는 홀츠만 교수의 과목에 나쁜 성적으로 합격하고 싶지 않았기 때문에 훈련 중에도 공부를 게을리 할 수가 없었던 것이다.

여름 동안 그는 줄곧 신학 공부에 매달렸다. 다행히 어지간한 피로에는 힘든 줄을 모를 만큼 몸이 건강했기 때문에 밤에는 물론 휴

일에도 쉬지 않고 공부를 계속할 수 있었다.

학생들 사이에 호인으로 알려져 있던 홀츠만 교수는 그를 군 복무 때문에 공부를 제대로 하지 못한 신입생으로 보고 후하게 점수를 주었다. 덕분에 슈바이처는 간단히 시험에 합격했다. 그러나 시험이 끝난 뒤에도 그는 독자적으로 공부를 계속했다. 독일 대학에서는 다른 나라처럼 학생들의 공부에 심하게 간섭하거나 끊임없는 시험으로 학생들을 괴롭히는 일이 없었다. 슈바이처는 이 점을 고맙게 여기며 신학은 물론 철학 공부도 나름대로 열심히 해 나갔다.

이 시절 슈바이처의 음악 공부를 도와준 사람은 뮐하우젠 고등학교의 뮌히 선생님과 형제간이 되는 에른스트 뮌히라는 분이었다. 그는 스트라스부르에 있는 성 빌헬름 교회의 파이프오르간 연주자이자 자신이 창설한 이 교회 바흐 합창단의 지휘자였다.

그는 이곳에서 연주되는 칸타타와 수난곡의 파이프오르간 반주를 연습 때에 한해서 슈바이처에게 맡겼다. 이것은 원래 뮌히 선생님의 몫이었다. 그래서 본예배 때는 뮌히 선생님이 와서 반주를 맡았다. 그러다가 차츰 시간이 흐르면서 뮌히 선생님이 오지 못할 사정이 생겼을 경우에는 본연주까지 슈바이처가 맡게 되었다.

당시 스트라스부르의 성 빌헬름 교회는 19세기 말에 싹트기 시작한 바흐 숭배의 주요 온상 가운데 하나였다. 특히 에른스트 뮌히는 바흐의 작품을 아주 잘 알고 있는 사람이었다. 슈바이처는 에른스트와 더불어 바흐의 칸타타와 수난곡 악보를 앞에 놓고 올바른 연주법을 토론하며 수많은 밤을 지샜다. 덕분에 그는 젊은 나이에 바흐 작품에 친숙해질 수 있었고 칸타타와 수난곡의 연주에 관한 문제를 실제로 다루어 볼 기회를 가질 수 있었다.

슈바이처는 바흐와 더불어 리하르트 바그너를 숭배해 마지않았다.

그는 뮐하우젠 고등학교에 다니던 열다섯 살 때 부모로부터 처음으로 극장에 가도 좋다는 허락을 받았다. 그때 바그너의 〈탄호이저〉를 처음으로 들었는데, 슈바이처는 이 음악에 너무나 압도된 나머지 며칠 동안 학교 수업에도 주의를 기울이지 못했다.

슈바이처는 그처럼 경탄했던 바그너의 음악을 스트라스부르에서 비로소 마음껏 감상할 수 있었다. 당시 바이로이트에서만 상연이 허락되었던 〈파르지팔〉을 제외한 바그너의 전 작품을 그는 기회 있을 때마다 관람하면서 철저히 이해했다.

1896년 바이로이트에서, 마침내 1876년의 첫 공연 이후 처음으로 〈파르지팔〉이 개막되었다. 이 뜻깊은 공연을 관람할 수 있었던 것은 슈바이처에게 무어라 표현할 수 없을 만큼 감격적인 체험이었다. 입장권은 그를 아끼는 파리의 친구들이 마련해 주었다. 그러나 바이로이트까지 가는 여비를 장만하기 위해서 슈바이처는 몇 달 동안을 하루 한 끼의 식사만으로 견뎌야 했다.

그는 기꺼이 끼니를 걸렀다. 20대 한창 나이의 젊은이로서 하루

한 끼의 식사만으로 그 많은 공부와 활동을 감당해 나간다는 것은 쉬운 일이 아니었다. 그러나 고대하던 바그너의 작품을 들을 수 있다는 즐거움에 비하면 배고픔쯤은 아무것도 아니었다.

음악을 향한 그의 열정은 그처럼 대단한 것이었다. 그럼에도 불구하고 뒷날 의사가 되어 아프리카로 떠나기 위해 그는 그렇듯 사랑했던 음악을 기꺼이 포기하기로 마음먹었던 것이다. 그것은 고통받는 인류를 구해야 한다는 보다 큰 열정의 부름에 응하기 위해서였다. 슈바이처는 평생을 참되고 선하고 아름다운 것에 대한 열정으로 살았다.

스트라스부르에서의 학생 시절은 빠르게 지나갔다.

1898년 5월, 슈바이처는 국가시험에 해당하는 제1차 신학 시험에 합격했다. 시험 결과 그는 홀츠만 교수의 주선으로 성 토마스회와 신학부가 공동으로 주관하는 골 장학금을 받게 되었다. 장학금은 연 1200마르크씩 6년간 지급되었다. 장학생은 늦어도 6년 안에 신학 학위를 따야 했고, 그러지 못한 경우에는 그동안 받은 장학금을 모두 돌려주어야 했다.

그해 여름 슈바이처는 기숙사 밖에다 거처를 정했다. 철학사를 강의하는 치글러 교수의 권유에 따라 신학 논문에 앞서 일단 철학박사 학위 논문부터 착수하기로 결심하고 여름 동안 철학에만 전념하기 위해 기숙사를 나왔다.

같은 해 10월 말에 그는 다시 파리로 떠났다. 소르본 대학에서 철학 강의를 들으면서 위도르 교수로부터 파이프오르간 공부를 계속할 목적이었다.

그러나 소르본 대학은 슈바이처를 실망시켰다. 엄숙하지 못한 입학식부터가 그의 기분을 상하게 했다. 그곳에도 훌륭한 교수들이 없는 것은 아니었지만 그 능력을 충분히 발휘할 수 없게 만드는 낡은 교수 방법 역시 소르본 대학에 대한 흥미를 잃게 만들었다.

그래서 강의에는 자주 나가지 않고 그해 겨울을 파리에서 보내면서 슈바이처는 주로 음악 공부와 박사 학위 논문에 몰두했다. 이제 위도르 교수는 보수를 받지 않고 그에게 레슨을 해 주었다. 슈바이처는 위도르 교수로부터는 파이프오르간을, 뒷날 음악학교 교수가 된 필립 선생과, 프란츠 리스트의 천재적 제자이자 친구인 알자스 출신의 마리 자엘 부인으로부터는 피아노를 배웠다.

자엘 부인은 피아노의 터치를 생리학적으로 규명하기 위한 연구에 심혈을 기울이고 있었다. 슈바이처는 일종의 실험동물이 되어 그녀가 생리학자 페레와 공동으로 작업하는 실험에 참가했다.

그녀에게 사사받은 덕분에 그의 손은 완전히 개조되었다. 그녀 덕분에 시간을 덜 들이고도 합리적인 연습을 할 수 있었기 때문에 그는 차츰 손가락을 자유자재로 사용할 수 있게 되었다. 이것은 그의 파이프오르간 연주에 큰 도움이 되었다.

필립 선생의 지도는 전통적인 피아노 교육의 테두리를 벗어나지 못했지만 슈바이처가 외곬으로 자엘 방식에 빠져드는 것을 막아 주었다. 이 두 선생은 서로 상대방을 대수롭잖게 여기고 있었기 때문에 슈바이처는 다른 선생에게서도 배우고 있다는 사실을 다른 한 선생에게 말할 수가 없었다. 그래서 아침에는 자엘 부인에게서 자엘 방식으로, 오후에는 필립 선생에게서 필립 방식으로 연주해야 하는 고생을 감내하는 수밖에 없었다.

이 기간 동안 슈바이처는 위도르 교수 덕분에 파리의 매력적인 저명 인사들을 여러 명 만날 수 있었다. 위도르 교수는 슈바이처의 경제적인 문제까지 염려해 주었다. 그는 레슨비를 안 받는 것만으로 그치지 않고 슈바이처가 돈이 떨어져 제대로 먹지 못하는 것 같은 인상을 받으면 수업이 끝난 뒤 룩상부르 근처의 단골 레스토랑으로 젊은 제자를 데리고 가 맛있는 음식을 실컷 먹게 해 주었다.

파리에 살고 있던 두 삼촌과 숙모들도 슈바이처에게 여러 가지 호의를 베풀어 주었다. 그중에서도 둘째 삼촌 샤를은 현대어 교육 방법을 개선하려는 노력으로 유명해진 언어학자였다. 슈바이처는 이 삼촌을 통해 대학 및 교육계 인사들과도 만남을 가질 수 있었다.

이러한 여러 사람의 온정 덕분에 슈바이처는 파리를 고향처럼 느끼게 되었다. 그러나 박사 학위 논문은 예술이나 사교 때문에 방해받는 일 없이 그대로 계속되었다. 그는 아주 건강했기 때문에 밤에도 얼마든지 공부할 수 있었다. 심지어는 밤새 한잠도 자지 않고 다음 날 아침 위도르 교수 앞에서 파이프오르간을 연주한 적도 있을 정도였다.

1899년 3월 중순, 슈바이처는 마침내 스트라스부르로 돌아와 칸트의 종교철학에 관한 완성된 논문을 치글러 교수에게 제출했다. 치글러 교수는 대단히 만족스러워했다. 학위는 7월 말에 받기로 결정이 되었다.

그해 여름을 슈바이처는 베를린에서 주로 철학 서적을 읽으며 지냈다. 그 기간 동안 고대 철학과 근대 철학의 주요 저작들을 두루 읽어 두고 싶었던 것이다.

나머지 시간의 대부분은 카를 슈툼프의 집에서 보냈다. 카를은 음감에 대한 심리학적 연구를 진행하고 있었는데 슈바이처에게는 그 일이 무척 재미있어 보였다. 그래서 카를의 조수들이 행하는 실험에 규칙적으로 참가했고, 자엘 부인의 집에서 그랬던 것처럼 그의 집에서도 실험동물 노릇을 했다.

물론 베를린에서도 파이프오르간 연습은 게을리 하지 않았다.

위도르 교수는 슈바이처가 베를린으로 떠나기에 앞서 빌헬름 황제 기념 교회의 파이프오르간 연주자인 하인리히 라이만 교수를 소개해 주었다. 그는 슈바이처에게 자신의 파이프오르간을 가지고 규칙적으로 연습을 해도 좋다고 허락해 주었다. 그리고 휴가 중에는 슈바이처를 자신의 대리자로 앉혔다. 그를 통해 슈바이처는 베를린의 음악가, 화가, 조각가를 여럿 만날 수 있었다.

유명한 그리스학 학자인 에른스트 쿠르티우스의 미망인 댁에서는 당시 베를린의 정신적 지도자들과 직접 접촉하는 기회도 가졌다. 슈바이처는 베를린에 스며 있는 정신과 생활에 큰 감명을 받았다. 세계적인 도시 파리에서는 정신과 생활이 분열되어 있었다. 그러나 당시의 베를린은 아직 세계적인 도시가 아니었고, 모든 점에서 순조롭게 발전해 나가는 비교적 큰 시골 도시라는 인상을 주었다.

슈바이처는 베를린을 가장 아름다운 시기에 알게 되고 또 사랑하게 된 것을 감사하게 생각했다. 그에게 무엇보다도 인상적이었던 것은 베를린 사회의 간소한 생활 방식이었다. 그는 대학 생활을 정리하는 소중한 마지막 시간을 이 아름다운 도시에서 이 소박한 사람들에 둘러싸여 보낼 수 있었음을 행운으로 여겼다.

이제 7월 말이면 그는 다시 스트라스부르로 돌아갈 것이다. 그리고 6년 동안의 대학 시절을 끝내게 될 것이다.

여름 석양에 물든 베를린의 조용한 가로수 길을 걸으며 슈바이처는 차분히 지난 시간을 돌이켜 보았다. 그것은 학문과 예술에 대한 끝없는 호기심과 열정으로 채워진 6년이었다. 모든 순간이 순수했고 모든 순간이 진지했다. 그랬기에 앞날에 대한 두려움은 없었다.

그는 눈을 들어 자기 앞에 놓여 있는 길을 바라보았다. 벅찬 감동이, 삶을 향한 벅찬 의지 같은 것이 가슴 가득 차올랐다. 슈바이처는 천천히 걸음을 옮겼다. 그는 확신할 수 있었다. 다가올 한순간 한순간도 그는 지금까지와 마찬가지의 진지한 열정으로 채워 갈 것이고, 남은 생애의 모든 나날이 그와 같을 터였다.

청년 슈바이처

1899년 7월 말, 슈바이처는 스트라스부르 대학에서 철학 박사 학위를 받았다. 이때 그의 나이 스물네 살이었다.

치글러 교수는 그에게 철학부 전임강사가 되기를 권했다. 그러나 슈바이처가 철학부 전임으로 있으면서 동시에 목사로 활동한다면 사람들이 좋게 보지 않을 것이라는 치글러 교수의 암시가 있었기 때문에 슈바이처는 철학부가 아닌 신학부에서 일하기로 결심했다.

그에게는 설교를 하고 싶다는 보다 강렬한 소망이 있었던 것이다. 일요일마다 모여든 많은 사람 앞에서 인생의 여러 가지 문제에 대해 이야기할 수 있다는 것은 정말 훌륭한 일이라고 생각되었다.

이제 본격적인 스트라스부르에서의 생활이 시작되었다.

그는 더 이상 학생이 아니었지만 정들었던 성 토마스 기숙사의 유료 기숙자로서 기숙생들과 함께 생활해도 좋다는 허가를 받았다. 슈바이처는 대학 측의 배려를 감사하게 받아들였다. 큰 나무들이 서 있는 조용한 정원이 내려다보이는 그 방에서 그는 얼마나 행복한 시간들을 보냈던가! 앞으로의 연구를 위해서도 슈바이처에게는 그곳이 더할 나위 없이 적절한 장소로 생각되었다.

우선은 박사 학위 논문의 인쇄 교정을 끝마쳐야 했다. 그러고는 곧장 신학 학위 논문에 착수해야 할 터였다.

슈바이처는 골 장학금을 필요로 하는 다른 학생에게 장학금을 넘겨주기 위해 가능한 한 빨리 신학 학위를 따기로 결심했다. 그가 마음속으로 생각하고 있던 사람은 셈어를 잘하는 예거라는 친구였다. 그러나 슈바이처가 서두른 보람도 없이 예거는 이 장학금을 이용하지 않았다.

슈바이처는 이 일을 평생 안타깝게 생각했다. 그럴 줄 알았더라면 그는 장학금으로 여행도 좀 더 하고 영국 대학에 가서 공부를 계속할 수도 있었을 것이다. 그런데 예거는 자기보다 형편이 어려운 친구를 생각하느라 귀중한 기회를 놓치고 말았던 것이다.

아무튼 그런 이유도 있고 해서, 그는 논문 교정을 마치자마자 신학 학위 논문에 매달렸다. 그리고 그해 12월부터는 스트라스부르에 있는 성 니콜라이 교회에서 목사로 일하기 시작했다.

성 니콜라이 교회에서는 연로하지만 아직 건강한 목사 두 분이 일하고 있었다. 슈바이처는 이분들을 도와 주로 오후 예배, 주일날 의 어린이 예배, 그리고 종교 교육을 진행했다. 특히 아침 예배 시 간보다 신앙심이 깊은 소수의 신자들만이 참가하는 오후 예배 시 간이면 그는 목사인 아버지에게서 물려받은 친근한 태도로 더욱 훌륭하게 설교를 할 수가 있었다. 이 모든 일은 그에게 무한한 기쁨 의 샘이 되어 주었다.

해가 거듭됨에 따라 두 분 노목사의 건강이 눈에 띄게 나빠졌다. 그래서 슈바이처가 아침 예배까지 맡게 되는 날이 많았다. 그는 언 제나 설교할 내용을 미리 종이에다 써 두곤 했는데, 때로는 정서하 기 전에 두 번 세 번 초안을 잡는 경우도 있었다. 그러나 실제로 설 교를 할 때는 그렇게 정성들여 준비한 문안에 얽매이지 않았기 때 문에 이야기가 전혀 엉뚱하게 전개되는 경우도 많았다.

이 몇 해 동안 슈바이처는 성 니콜라이 교회를 쉬는 일요일이면 귄스바흐로 가서 아버지 대신 예배를 인도했다. 또한 일주일에 세 번씩 아침 공부가 끝난 11시에서 12시 사이에 남자 아이들을 위한 견신례 준비 교육을 담당했다. 그는 이 시간이 아이들의 정신과 마 음을 깨끗하게 회복시켜 주는 시간이 될 수 있도록 가능한 한 숙제 를 적게 내주려고 노력했다. 대신 수업의 마지막 10분간은 그들이 일생 동안 생활 지침으로 삼아야 할 성경과 찬송 구절들을 자신의 낭독에 따라 되풀이하게 함으로써 이를 암기하게 만들었다.

성 니콜라이 교회에서 그가 받는 봉급은 월 100마르크였다. 성 토마스 기숙사의 숙식비가 싸고 그가 워낙 검소하게 생활했기 때문에 넉넉하지 않은 봉급만으로도 그는 충분히 일상을 꾸려 갈 수 있었다.

그가 맡은 직책의 한 가지 좋은 점은 학문 연구와 음악을 위한 충분한 시간을 가질 수 있다는 점이었다. 그는 두 분 노목사의 호의로 설교를 맡아 줄 대리인만 구해 놓으면 견신례 준비 교육이 없는 봄방학과 겨울방학 동안 휴가를 가질 수 있었다. 그는 보통 1년에 3개월간의 휴가를 가질 수 있었는데 부활절 후에 한 달, 가을에 두 달이었다.

봄 휴가는 대개 파리에서 보냈다. 큰아버지 댁에 머무르면서 위도르 교수 밑에서 음악 공부를 계속하기 위해서였다. 가을 휴가는 대부분 귄스바흐의 아버지 댁에서 지냈다.

파리에서 여러 차례 머무르는 동안 슈바이처는 많은 훌륭한 사람을 알게 되었다. 또한 파리의 외국어 협회에서 독일 문학과 철학에 관해 여러 차례 강연을 하기도 했다.

그러나 그의 활동을 위해 결정적이라 할 수 있는 이 몇 해 동안 슈바이처의 생활은 단조로웠다. 그는 전심전력 연구에 몰두했다. 시간도 없고 돈도 없었기 때문에 그는 세상 구경을 많이 하지는 못한 편이었다. 1900년에 큰어머니를 모시고 오버암머가우에서 공연된 수난극을 관람한 것과, 같은 해에 바이로이트에서 음악제가 열렸을 때 그동안 저금한 돈으로 순례를 다녀온 것이 이 기간 동안 그가 누렸던 큰 기쁨이자 사치였다.

1900년 7월에 슈바이처는 예수가 열두 제자와 행한 최후의 만찬에 관한 논문으로 신학 학위를 받았다. 그리고 예수의 수난과 메시아의 신비를 다룬 두 번째 논문으로 1902년 대학 전임강사 직에 취임했다.

그해 3월 1일, 슈바이처는 스트라스부르 대학 신학부 앞에서 강사 취임 강의를 했다. 스물일곱의 젊은 나이로 자신이 다녔던 대학의 신학 교수가 된 것이다. 그 뒤 강의를 진행하면서 학생들과 이야기를 나눈 것이 계기가 되어 슈바이처는 '예수 생애 연구사'라는 새로운 주제에 몰두하게 되었다.

이 주제에 완전히 마음을 빼앗겼기 때문에 그는 본격적으로 연구에 매달렸다. 다행히 스트라스부르 대학 도서관은 예수의 생애에 관한 문헌들과 저술들을 완벽하게 갖추고 있었다. 세계 어느 곳을 가더라도 예수 생애 연구사를 공부하기 위해서는 이곳보다 조건이 좋은 곳이 없을 정도였다.

예수 생애 연구사에 몰두하고 있는 동안 슈바이처는 신학 기숙사의 사감이 되었다. 처음에는 갑자기 세상을 떠난 전임자를 대신

할 후임자가 올 때까지 임시로 이 직책을 맡기로 하였으나, 후임자
가 교회사 교수로 임명되어 사감 직을 사퇴하는 바람에 정식으로
사감 직을 맡게 되었다.

1903년 10월, 슈바이처는 연봉 2000마르크의 사감 직과 함께 양
지바른 토마스 제방 위에 자리 잡은 아담한 관사를 인계받았다. 이

곳에서 그는 더욱 박차를 가하여 자신의 생애에서 가장 중요한 저서 가운데 하나가 될 『예수 생애 연구사』의 저술에 온 정열을 쏟았다.

이것은 만만한 작업이 아니었다. 수많은 저자가 쓴 수많은 예수 전을 일일이 연구한 다음 이것들을 장별로 나누느라 무진 애를 먹었다. 처음에는 종이 위에다 써서 분류해 보려 했으나 헛된 시도임을 알고 그는 모든 예수전을 방 한가운데에 무더기로 쌓아 올려놓고 계획한 각 장마다 방구석이나 가구 사이에 자리를 만들어 주었다. 그러고는 매 장마다 충분히 생각한 다음 각각의 책들을 해당 장별로 쌓아 올렸다.

그는 어떻게든 모든 책을 해당 장별로 분류하고, 각 장의 초안이 완성될 때까지 책들을 쌓아 올려놓은 채 그대로 두기로 다짐했다. 그리고 그의 다짐은 그대로 실행되었다.

그 몇 달 동안 그를 찾아온 손님들은 미로와도 같은 책 무더기 사이를 요령껏 빠져 다녀야 했다. 그의 방을 청소해 주던 뷔르템베르크 출신의 성실한 미망인 뵐페르트 부인은 무엇이든 정돈하지 않고는 못 배기는 성미였는데, 슈바이처는 그녀의 정돈 벽으로부터 책 무더기를 지켜 내느라 무진 애를 먹어야 했다.

이런 노력 끝에 『예수 생애 연구사』는 1906년에 출판되었다. 그의 저서는 영국에서 가장 먼저 인정을 받았다.

옥스퍼드 대학의 윌리엄 샌디 교수는 자신의 강의에서 슈바이처의 견해를 소개하고, 그에게 그곳으로 와 달라는 간곡한 초청장을 보냈다. 그러나 당시 슈바이처는 뜻한 바 있어 의과대학에 들어가 의학 공부를 하고 있는 상태였고, 신학 강의 준비 외에도 프랑스어로 쓴 바흐에 관한 저술의 독일어판을 내야 했기 때문에 이 초청에 응할 수가 없었다. 영국을 알 수 있는 두 번째 기회를 놓치고 만 것이다.

케임브리지에서는 프랜시스 크로포드 버킷이 그의 저서를 옹호해 주었을 뿐 아니라 영어판 발행도 주선해 주었다. 버킷의 제자인 몽고메리 목사가 번역한 영역본이 1910년 런던에서 출판되었다.

1905년, 『예수 생애 연구사』한 해 전에 바흐에 관한 프랑스어 저술이 완성되었다. 『예수 생애 연구사』의 집필로 바쁜 와중에 슈바이처가 또 한 권의 저서를 완성했다는 사실은 그가 얼마나 왕성한 학구열을 가지고 성실하게 노력하는 인간이었는지를 보여 준다.

슈바이처가 바흐에 관한 책을 쓰게 된 것은 위도르 교수 때문이었다. 그는 매년 봄 그리고 가을에 파리로 가서 위도르 교수와 몇 주씩 함께 지내곤 했는데, 교수는 프랑스어로 쓴 바흐 전기는 있어도 바흐의 예술에 대한 안내서가 전혀 없다고 불평을 늘어놓곤 했다. 그래서 슈바이처는 1900년 가을 휴가를 이용하여 파리 음악학교 학생들을 위해 바흐 예술의 본질에 관한 논문을 쓰기로 약속하지 않을 수 없었던 것이다.

슈바이처는 성 빌헬름 교회 바흐 합창단의 파이프오르간 연주자로 있으면서 이론적으로 또 실제적으로 바흐를 자세히 연구할 수 있었다. 따라서 이 새로운 과제는 그때 얻은 생각들을 발표할 수 있는 기회를 제공하는 셈이었기 때문에 그에게는 대단히 매력적인 일이 아닐 수 없었다.

그러나 최대한의 노력을 기울였음에도 방학이 끝나 가도록 논문은 아직 준비 단계에 머물러 있었다. 더구나 이 논문은 논문의 정도를 넘어서서 바흐에 관한 본격적인 저술이 될 것이 분명해졌다. 『예수 생애 연구사』와 나란히 또 다른 책을 쓴다는 것은 생각할 수도 없는 형편이었지만 이미 어쩔 수 없는 상황이었다. 바흐는 슈바이처를 기다리고 있었고 슈바이처는 책을 써야만 했다. 그것이 그의 운명이었고, 그는 용감하게 자신의 운명에 순응하기로 마음먹었다.

1903년과 1904년의 모든 자유 시간을 슈바이처는 바흐에 바쳤다. 그가 바흐를 위해 낼 수 있는 짧은 밤 시간밖에 없었기 때문에 대학 도서관에만 의존하여 책을 쓴다는 건 여러 가지로 어려움이 많았다. 그런데 스트라스부르의 한 악보상이 반가운 소식을 전해 주었다. 파리에 있는 어떤 부인이 바흐 협회의 사업을 도와주기 위해 바흐 작품 전집을 예약했지만, 막상 이 수많은 회색 표지의 대형 책들이 서재에 너무 많은 자리를 차지하자 이를 처분하고 싶어 한

다는 것이었다.

부인은 그 책들로 누군가를 즐겁게 해 줄 수 있다는 것이 기쁜 나머지 200마르크라는 아주 싼값에 그것들을 슈바이처에게 넘겨 주었다. 슈바이처는 이 뜻하지 않은 행운을 바흐 연구의 성공에 대한 좋은 징조로 받아들였다.

사실 슈바이처가 바흐에 관한 책을 쓰려고 한다는 것은 무모한 짓이었다. 그는 어려서부터 폭넓은 독서를 해 왔기 때문에 음악의 역사나 음악 이론에 관해서는 상당히 많은 것을 알고 있었지만 역시 전문적인 음악 학자는 아니었다.

그러나 그가 하고자 하는 일은 바흐나 바흐가 살았던 시대에 관한 새로운 역사적 자료를 제시하려는 것이 아니었다. 그는 음악가로서 자신과 같은 음악가들에게 바흐의 음악에 관해 이야기하고자 했다. 따라서 그는 지금까지의 연구에서 소홀히 취급되어 왔던 점, 즉 바흐 음악의 본질에 대한 해석과 올바른 연주법에 관한 문제를 자신의 책에서 중점적으로 다루어 보기로 마음먹었다.

작업이 워낙 힘들었기 때문에 슈바이처는 이따금 자신이 너무 힘에 겨운 일을 떠맡은 것이 아닌가 하는 두려움을 느꼈다. 그럴 때면 그는 자신이 바흐 음악의 본고장인 독일을 위해서가 아니라 바흐의 예술이 아직 제대로 알려져 있지 않은 프랑스를 위해서 이 책을 쓰고 있는 것이라고 스스로를 위로했다.

1904년 가을, 슈바이처는 마침내 그동안 계속해서 편지로 격려해 준 위도르 교수가 휴가를 보내고 있던 베니스로 한 장의 엽서를 보냈다.

—일이 상당히 진척되었으니 약속하신 서문을 써 주십시오.

위도르 교수는 따뜻한 축하의 말과 함께 당장 서문을 써서 보내 주었다.

책은 1905년에 출판되었다. 슈바이처는 이 책을 파리에 살고 있던 마틸데 아주머니에게 바쳤다. 마틸데 아주머니가 1893년 위도르 교수와 만날 기회를 마련해 주지 않았더라면 그가 어떻게 바흐에 관한 책을 쓸 수 있었겠는가!

처음에는 단지 프랑스 음악의 빈틈을 메울 작정으로 시작했던 그의 저서는 독일에서도 바흐 연구에 있어서의 중요한 공헌으로 인정을 받았다. 슈바이처에게는 참으로 놀랍고도 반가운 일이었다. 그해 가을 슈바이처는 브라이트코프 운트 헤르텔 사와 이 책의 독일어판을 내기로 합의를 보았다.

1906년 여름, 『예수 생애 연구사』를 완성하고 난 뒤 슈바이처는 곧장 바흐의 독일어판에 착수했다. 그러나 그는 단순한 번역만으로는 불충분하고 만족할 만한 것을 만들기 위해서는 다시 자료에 몰두하지 않으면 안 된다는 사실을 곧 깨달았다.

결국 슈바이처는 프랑스어로 쓴 바흐 책을 덮어 버리고 독일어로 더 나은 것을 새로 쓰기로 결심했다.

새 책의 처음 몇 페이지는 바이로이트에서 멋진 〈트리스탄〉 공연을 보고 난 뒤 흑마옥이라는 여관에 돌아와서 썼다. 그전의 몇 주일 동안은 일을 시작해 보려고 했으나 도무지 집중이 되지 않았다. 그런데 축제의 언덕으로부터 돌아온 흥분 속에서 그는 비로소 일에 착수할 수가 있었던 것이다.

후텁지근한 2층 그의 방으로 아래층 술집에서 사람들이 웃고 노래하는 떠들썩한 소리가 들려오는 가운데 원고를 쓰기 시작하여 창 밖에 해가 높이 솟아오른 것을 보고서야 쓰기를 멈추었다. 이때부터 재미가 나서 집필에 매달렸기 때문에 그는 2년 만에 책을 완성할 수 있었다.

물론 그동안에도 의학 공부다, 강의 준비다, 설교 준비다, 연주여행이다 하여 계속해서 이 일에만 몰두할 수는 없었다. 때로는 몇 주일씩 일을 중단하지 않으면 안 될 때도 있었다.

그러나 애초의 455페이지에서 844페이지로 불어난 이 방대한 저서는 1908년 초, 마침내 세상에 모습을 보였다. 엄청나게 늘어난 분량 때문에 출판사 측을 놀라고 당황하게 만들었던 이 독일어판 바흐 연구서는 어니스트 뉴먼의 유창한 번역으로 1911년 영국에 소개되었다.

바흐 음악의 본질과 바른 연주법에 관한 슈바이처의 이 책은 적절한 시기에 출판됨으로써 많은 사람의 인정을 받았다.

음악가들은 19세기 말에 출판된 완전한 바흐 전집을 연구한 결과 바흐를 아카데믹한 고전음악의 대표자로 보기에는 어딘가 석연치 않은 점이 있다는 것을 알게 되었다. 마찬가지로 그들은 전통적인 연주법에 대해서도 의혹을 품게 되었으며, 바흐의 음악 양식에 맞는 새로운 연주법을 구하게 되었다. 슈바이처의 저서는 바흐를 연구하는 음악가들이 품고 있던 이런 견해들을 최초로 표현한 셈이었다.

책이 나오자마자 사방에서 호의적인 편지들이 날아들었다. 덕분에 슈바이처는 많은 친구를 얻게 되었고, 그들과의 아름다운 우정은 슈바이처가 아프리카로 떠난 뒤에도 평생 지속되었다.

이쯤에서 독자는 그의 삶의 다음 장으로 넘어갈 수 있기를 기대할지 모른다. 그런데 이 놀라운 탐험가는 여기에 또 하나의 만만찮은 업적을 덧붙이고 있으니, 1905년 가을에 완성한 파이프오르간 제작에 관한 논문이 바로 그것이다.

외할아버지로부터 파이프오르간 제작에 대한 관심을 고스란히 물려받은 슈바이처는 어릴 적부터 파이프오르간의 내부에 대해 커다란 호기심과 궁금증을 품고 있었다.

사람들은 19세기 말에 제작된 파이프오르간들을 진보된 기술의 기적이라 찬양했지만 이상하게도 그 악기들은 그의 마음에 들지 않았다. 1896년 가을, 처음으로 바이로이트에 갔다가 돌아오는 길에 그는 당시 신문에서 열심히 보도하고 있던 그곳 리더할레의 새 파이프오르간을 구경하기 위해 슈투트가르트에 들렀다. 그런데 그렇게도 칭찬받는 악기에서 딱딱한 소리가 나고, 그곳 대성당의 파이프오르간 연주자인 랑 씨가 새 파이프오르간으로 들려준 바흐의 푸가가 개개의 음을 구분할 수 없는 혼돈 상태임을 알게 된 순간 현대의 파이프오르간은 음향이라는 측면에서 볼 때 진보가 아니라 오히려 퇴보를 의미한다는 그의 예감은 확신으로 변했다.

그 후 슈바이처는 그 이유를 명확히 알기 위해 옛날식이건 현대식이건 가능한 한 많은 파이프오르간을 틈나는 대로 구경해 두었다. 그뿐만 아니라 자신이 만난 모든 파이프오르간 연주자들과 제작자들과도 이 문제를 논의해 보았다.

옛 악기가 새 악기보다 음향이 좋다는 그의 견해는 대부분의 경우 조롱과 조소의 대상이 되었다. 이상적인 파이프오르간의 복음을 전파하기 위해 쓴 그의 논문 역시 처음에는 이해해 주는 사람이 많지 않았다. 이 논문은 그가 슈투트가르트에 들른 지 10년 만인 1906년에야 『독일 및 프랑스의 파이프오르간 제작법과 연주법』이라는 제목으로 출판되었다.

그는 이 책에서 독일보다 프랑스의 파이프오르간 제작법이 우수하다는 사실을 인정했다. 프랑스의 제작법은 아직도 여러 가지 면에서 옛 제작법을 충실히 따르고 있기 때문이었다.

파이프오르간 제작에 관해 슈바이처가 이 책에서 제시한 의견은 차츰 사람들의 주목을 받기 시작했다. 1909년 5월, 빈에서 개최된 국제음악협회 회의에서 파이프오르간 제작을 위한 분과가 처음으로 탄생했다. 슈바이처는 이 분과에서 뜻을 같이하는 몇몇 동료와 함께 '파이프오르간 제작을 위한 국제 조례'를 작성했는데, 이것은 기술상의 성과에 대한 맹목적인 감탄을 불식하고 소리가 곱고 견고한 악기의 제작을 다시 요구하는 것이었다.

그러나 예술적이고 견고한 파이프오르간 제작에 대한 간단한 진리는 인정을 받았지만 실제 응용은 지지부진이었다. 당시에는 이미 이 악기가 공장에서 대량 생산되고 있었기 때문이다. 상업적인 이해가 예술적인 이해를 가로막고 있는 셈이었다.

견고하고 예술적인 파이프오르간은 시장을 지배하고 있던 공장 파이프오르간보다 30퍼센트 정도 값이 비쌌다. 따라서 진짜 좋은 파이프오르간을 만들어 보려고 하는 제작자는 자신과 가족의 생계를 커다란 위험에 내맡기지 않을 수 없었다.

음악을 좋아하는 한 제과업자는 파이프오르간 제작을 과자 만드는 일에 비유하여 슈바이처에게 이런 이야기를 들려주었다.

"요즘 사람들은 어떤 것이 좋은 파이프오르간인지 모르듯이 과자도 어떤 것이 좋은지 모른답니다. 그들은 신선한 우유와 신선한

크림과 신선한 버터와 신선한 계란과 특상품 기름과 특상품 라드
와 진짜 과즙으로 만들어 설탕 이외의 다른 감미료는 일체 사용하
지 않은 과자 맛이 어떤 것인지 기억하지 못하죠. 그들은 이제 통조
림 우유와 통조림 크림과 통조림 버터와 말린 계란 흰자위와 말린

노른자위와 싸구려 기름과 싸구려 라드와 합성 과즙과 온갖 감미료로 만든 것을 좋다고 생각하게 되었답니다. 그도 그럴 것이 그런 것밖에는 먹어 볼 수가 없으니까요. 질을 모르다 보니 겉모양만 근사하면 만족이지요. 옛날처럼 좋은 물건을 만들어 내려고 하다가는 손님을 다 놓치고 말걸요. 훌륭한 파이프오르간 제작자처럼 나도 30퍼센트 정도 더 비싸게 받아야 할 테니까요……."

그럼에도 불구하고 슈바이처는 진정한 파이프오르간을 위한 투쟁에 많은 시간과 노력을 바쳤다.

사람들은 좋은지 나쁜지 보아 달라거나 또는 수정해 달라며 파이프오르간 설계도를 그에게 보내왔다. 그는 이 일로 수많은 밤을 지샜고, 주교, 신부, 시장, 목사, 집사, 장로 들과 파이프오르간 제작자 및 연주자들에게 수백 통의 답장을 써 보냈다.

편지들은 주로 그들의 아름다운 옛 파이프오르간을 새것으로 바꾸지 말고 수리하는 쪽을 택해야 한다고 설득하거나, 이런저런 불필요한 장치를 다는 데 사용하기로 결정한 돈을 파이프오르간을 위한 가장 좋은 재료를 구입하는 데 사용하라고 부탁하기 위한 것이었다. 그럼에도 불구하고 당사자들이 종이 위에서는 아주 훌륭해 보이는 공장 파이프오르간을 택하기로 결정을 내렸기 때문에 슈바이처의 수많은 편지와 여행과 상담은 헛수고로 돌아가 버리곤 했다.

파이프오르간을 위해 슈바이처가 치렀던 온갖 투쟁 가운데서 가장 어려운 일은 옛 파이프오르간을 보존하는 것이었다. 아름다운 옛 파이프오르간에 내려진 사형선고를 취소시키기 위해 그는 별의별 말을 다하지 않으면 안 되었다.

오래되어 다 허물어져 가기 때문에 대수롭잖게 여겼던 파이프오르간이 보존될 가치가 있는 아름다운 예술품이라는 소식을 받았을 때 얼마나 많은 파이프오르간 연주자들이 마치 자식을 얻게 될 것이라는 고지를 받은 아브라함의 늙은 아내처럼 이를 불신의 웃음으로 받아들였던가. 그가 옛 파이프오르간을 새것으로 바꾸려는 그들의 계획을 방해했기 때문에 또한 얼마나 많은 친구가 그의 적이 되고 말았던가.

그가 아는 많은 사람이 고상한 옛 파이프오르간을 원래의 아름다움은 흔적도 찾아볼 수 없이 개조하고 확대하거나 또는 아예 뜯어내 버리고 많은 비용을 들여 천박한 공장 파이프오르간으로 바꾸는 것을 슈바이처는 속수무책으로 바라볼 수밖에 없었다. 그럴 때면 너무도 마음이 괴로운 나머지 차라리 이런 일에 관여하지 않았더라면 얼마나 좋았을까 하는 생각마저 든 적이 한두 번이 아니었다. 그런데도 그가 이 일을 포기하지 않은 것은 그에게 있어 좋은 파이프오르간을 위한 투쟁은 곧 진리를 위한 투쟁을 뜻하기 때문이었다.

사람들이 그에게 세상에서 가장 크고 가장 아름다운 파이프오르간은 어느 것이냐고 물어 오면 그는 이 세계에는 127개의 가장 큰 파이프오르간과 137개의 가장 아름다운 파이프오르간이 있음에 틀림없다고 정확하게 대답하곤 했다.

그가 애써 구한 최초의 옛 파이프오르간은 스트라스부르의 성 토마스 교회에 설치된 질버만의 아름다운 작품이었다. 그 밖에도 몇몇 교회가 "사용할 수 있는 금액으로 가장 큰 파이프오르간 대신 가장 훌륭한 파이프오르간을 주문하라"는 그의 충고를 받아들였다.

주일날이면 그는 자신이 천박한 파이프오르간으로부터 구해 준 이 교회 저 교회에서 고상하고 아름다운 파이프오르간 소리가 울려 퍼지고 있을 것을 상상하며 파이프오르간 제작을 위해 바친 그동안의 시간과 노고가 충분히 보상받은 듯한 행복감에 잠겼다. 그것은 곧 진리를 수호하기 위해 그가 바친 노력이 헛되지 않았음을 뜻하는 것이기도 했다.

뒷날 그의 친구들은 슈바이처를 두고 사랑과 존경을 담은 농담을 즐겨 입에 올리곤 했다.

"그는 아프리카에서 늙은 흑인을 구하고 유럽에서는 낡은 파이프오르간을 구한다."

2장

목표를 정하다

인류를 위한 일을 하자

1905년 10월 13일 금요일 아침. 슈바이처는 파리의 아브뉴 드라 그랑드 아르메에 있는 한 우체통에서 몇 장의 편지를 부쳤다. 그가 장차 의사로서 적도 아프리카에 가기 위해 겨울 학기에는 의과대학에 입학하겠다는 뜻을 부모님과 가까운 친지들에게 알리는 편지였다. 그중 한 통에는 앞으로 해야 할 공부 때문에 바빠서 성 토마스 신학 기숙사의 사감 직을 내놓는다는 내용이 담겨 있었다.

그가 이런 계획을 품은 것은 오래전의 일이었다.

초등학교 시절에 이미 그는 반 친구들의 비참한 가정환경과 귄스바흐의 목사관에 사는 자신의 이상적인 가정환경을 비교해 보고 느낀 바가 있었다. 대학 시절에도 하고 싶은 공부를 계속하면서 학문과 예술 분야에서 무엇인가 공헌할 수 있는 입장에 있던 그로서는 경제 사정이나 건강 때문에 그런 행복을 누릴 수 없는 사람들을 늘 생각하지 않을 수 없었다.

'주위의 수많은 사람이 고통과 근심에 시달리고 있는데 나만 행복한 생활을 한다는 것은 있을 수 없는 일이다.'

슈바이처가 스물한 살 되던 해 여름, 그의 이런 생각들은 하나의 뚜렷한 결심으로 굳어졌다.

1896년 여름의 어느 청명한 일요일 아침. 그날은 마침 성령강림절이었다.

슈바이처는 귄스바흐의 목사관 침실에서 눈을 떴다. 창밖으로부터 명랑한 새소리가 들려오고 있었다. 그는 자리에 누운 채 새소리에 귀를 기울였다. 아름답고 평화로운 아침이었다. 그는 아늑한 행복감에 잠긴 채 평소 그의 가슴을 떠나지 않던 한 가지 생각에 골몰하기 시작했다.

'나만 이렇게 행복해도 되는 것일까. 이 행복을 당연한 것으로 받아들일 것이 아니라 여기에 대해 나도 무엇인가 베풀어야 하는 것이 아닐까.'

그는 생각에 생각을 거듭했다. 그가 생각들과 씨름을 하는 동안에도 바깥에서는 새들이 아름다운 목소리로 지저귀고 있었다. 그는 조용히 생각들을 정리해 본 끝에 자리에서 일어나기 전 마침내

한 가지 결론에 도달했다.

'서른 살까지는 학문과 예술을 위해 살고, 그 이후부터는 인류에 직접 봉사하는 삶을 살리라.'

일찍이 예수는 말했다.

"누구든지 제 목숨을 구하고자 하면 잃을 것이요, 나의 복음을 위해 잃으면 구하게 되리라."

슈바이처는 예수의 이 말씀이 자신에게 어떤 의미를 지니는지에 대해 자주 생각해 보곤 했다. 이제 그는 그 의미를 분명히 알게 되었다.

그러나 결심만 섰을 뿐 실제로 어떤 종류의 활동을 하게 되는지 그 당시에는 확실치가 않았다. 다만 한 가지 확실한 것은 아무리 보잘것없는 일이라 하더라도 인류에 직접 봉사하는 일이어야만 한다는 것이었다.

물론 처음에는 유럽에서 활동할 생각이었다. 버림받았거나 돌볼 사람이 없는 아이들을 수용하고 교육하여 그들이 훗날 똑같은 방법으로 그런 아이들을 도와주게끔 한다는 것이 그의 계획이었다.

1903년에 사감으로 성 토마스 신학회 기숙사의 넓고 양지바른 사택에 들었으므로 그는 마침내 이 계획을 실행에 옮겨 볼 수 있게 되었다. 그러나 여기저기 지원을 해 본 결과는 언제나 실패였다. 버림받고 돌볼 사람이 없는 아이들을 위한 구호 기관의 규칙이 봉사를 지원하는 사람들의 이런 협력을 허용하지 않았기 때문이었다.

스트라스부르 고아원에 화재가 났을 때 사내아이 몇 명을 당분간이라도 자신이 있는 곳에 수용하겠다고 제안해 보았지만 원장은 슈바이처가 미처 말을 끝내기도 전에 그의 말을 막아 버렸다. 그 밖에도 여러 가지 시도를 해 보았으나 결과는 마찬가지였다.

그래서 한동안은 부랑자들이나 석방된 죄수들을 위해 헌신해 볼까도 생각해 보았다. 이런 사업에 대한 준비 단계로 슈바이처는 성 토마스 교회의 에른스트 목사가 벌이고 있는 사업에 참가했다.

에른스트 목사가 하는 일이란 매일 오후 1시에서 2시 사이에 잠 자리나 도움을 구하는 사람들과 면담을 하고 해당자가 있으면 얼 마간의 돈을 주어 돌려보내거나, 그날 오후 중에 그의 집이나 숙소 로 찾아가 생활 형편에 대한 진술을 검토한 뒤 필요한 도움을 주겠 다고 제의하는 것이었다.

슈바이처를 비롯한 봉사자들은 이런 목적을 위해 헤아릴 수 없을 만큼 자주 시내 또는 교외로 자전거를 타고 나갔다. 덕분에 신청 자의 형편을 충분히 헤아려 적절한 도움을 줄 수 있었던 경우도 많았다. 슈바이처의 절친한 친구들은 이 일을 위해 자신들의 돈과 물건을 마음대로 쓰라며 그를 격려해 주었다. 그러나 막상 찾아가 보면 신청자가 살고 있다고 말한 장소에 살고 있지 않아 그의 마음을 안타깝게 하는 경우도 적지 않았다.

이미 학생 시절에 슈바이처는 토마스 신학회 기숙사에서 모임을 갖는 학생 단체 '토마스 봉사회'의 일원으로 사회사업에 발을 들여놓았다. 회원들은 매주 자기가 맡은 수만큼의 가난한 가정을 방문하여 허용된 범위 내에서 보조를 해 주고 그들의 형편에 대해 보고를 하기로 되어 있었다. 여기에 드는 기금은 대대로 봉사회의 사업을 후원해 주던 스트라스부르의 여러 전통 있는 가문에서 대 주었다.

그런데 회원들은 누구나 한 해에 두 번씩 자기에게 할당된 액수만큼의 구걸 행각을 하지 않으면 안 되었다. 내성적이고 사교술이 없던 슈바이처에게 이것은 매우 고통스러운 일이었다. 결과적으로 이것이 뒷날 아프리카에서의 의료 사업을 위한 모금 활동의 예습이 된 셈이었지만, 당시의 그는 너무도 숫기가 없었던 나머지 서투른 짓을 한 적이 한두 번이 아니었다.

어쨌든 부랑자들이나 석방된 죄수들과 접촉하는 동안 슈바이처는 그들을 효과적으로 도와주자면 그들을 위해 헌신하는 수많은 개인이 있어야만 한다는 사실을 확실히 알게 되었다. 동시에 그러한 개인들도 단체와 공동으로 일해야만 성과를 거둘 수 있다는 사실을 깨닫게 되었다.

그러나 그는 항상 개인적이며 독립적인 활동을 해 보고 싶었다. 어쩔 수 없는 경우에는 단체에 속할 각오를 하고 있었지만, 그래도 언젠가는 개인으로서 그리고 자유인으로서 헌신할 수 있는 활동을 발견하게 되리라는 희망을 버리지 않았다.

그러던 어느 날이었다.

슈바이처는 토마스 기숙사의 자기 책상 위에서 초록색 표지의 잡지 한 권이 놓여 있는 것을 발견했다. 그것은 파리 선교회가 자신들의 활동에 대해 보고하는 월간지였다.

셰들린이라는 아가씨가 언제나 이 잡지를 가져다주곤 했는데, 그녀는 슈바이처가 이 선교회에 대해 특별한 관심을 가지고 있다는 사실과 그 이유를 알고 있었다. 즉 그가 아직 어렸던 시절의 어느 예배 시간에 아버지가 이 선교회의 초기 선교사 가운데 한 사람이었던 카잘리의 편지를 읽어 준 일이 있었는데, 그는 그때 너무도 큰 감명을 받았던 것이다.

슈바이처는 전날 밤 그가 없을 때 셰들린이 책상 위에 갖다 놓은 그 책자를, 일을 시작하기 위해 옆으로 치우다가 기계적으로 펼쳐보았다. 그때 '콩고 선교회가 필요로 하는 것'이라는 제목의 기사가 눈에 띄었다.

그것은 알자스 출신의 파리 선교회 회장인 알프레드 뵈그너가 쓴 글이었다. 그는 선교회의 인원이 부족하여 콩고 식민지 북부 지방인 가봉에서는 선교 업무를 수행할 수가 없다는 사정을 호소하고 있었다. 그는 '주님의 눈길이 이미 그 위에 임하고 있는' 사람들이 이 호소의 글을 읽고 이 시급한 일에 지원할 것을 결심해 주기

바란다고 적었다. "주의 부르심에 서슴지 않고 '주여! 내가 가겠나이다'라고 대답하는 사람들, 이들이 바로 교회가 필요로 하는 사람들입니다"라는 말로 그는 글을 끝맺고 있었다.

슈바이처는 기사를 읽고 난 뒤 조용히 일을 시작했다.

이제 모색은 끝난 것이다. 1904년 가을의 일이었다.

그로부터 몇 개월 뒤 그는 서른 번째 생일을 맞았다. 슈바이처는 "탑을 세우기에 앞서 그 일에 드는 비용을 감당할 수 있는지 없는지 헤아려 본다"는 비유에 나오는 사람처럼 그날 하루를 보냈다. 그리고 그날 밤 잠자리에 들기 전에 인류를 위한 순수한 봉사의 계획을 적도 아프리카에서 실현하기로 결심을 굳혔다.

그는 이 계획을 친한 친구 한 사람에게만 알렸다. 그러나 파리에서 보낸 편지로 이 계획이 알려지자 친구들과 친척들 사이에 일대 소동이 일어났고, 슈바이처는 그들 모두와 격렬한 투쟁을 벌이지 않으면 안 되었다.

그들은 계획 자체보다 그런 중대한 결정을 내리기 전에 자기들과 의논하지 않았다고 슈바이처를 비난했다. 이런 부차적인 문제를 가지고 그들은 몇 주일 동안이나 그를 못살게 굴었다. 신학과 친구들이 특히 심했는데, 슈바이처가 보기에 그것은 정말 어울리지 않는 일이었다. 그들 모두는 사도 바울이 예수를 위해 일하려 했을 때 먼저 혈육과 의논하지 아니한 사실을 가지고 지금껏 아름다운,

참으로 아름다운 설교를 해 오던 사람들이었던 것이다!

친척들과 친구들은 합세해서 그를 비난했다. 그들은 슈바이처를, 타고난 재능은 썩히고 타고나지도 않은 재능을 발휘해 보려는 어리석은 사람이라고 질책했다. 야만인들을 위한 봉사는 그 때문에 학문과 예술 분야에 있어서 재능을 썩힐 필요가 없는 다른 사람들에게 맡겨야 한다는 것이었다.

슈바이처를 자식처럼 사랑해 주던 위도르 교수는 총을 들고 직접 방어선으로 뛰어들려는 장군과 같은 사람이라고 꾸짖었다. 현대 정신으로 충만해 있던 어떤 부인은, 그가 계획하고 있는 활동보다도 아프리카 원주민들이 의료 지원을 필요로 하는 사정에 관해 강연을 하면 더 많은 일을 할 수 있을 것이라고 충고해 주기도 했다.

그 무렵 슈바이처는 소위 기독교도라는 사람들과 진저리가 날 정도로 토론을 거듭했는데, 예수가 가르친 사랑을 실천하고자 노력하다 보면 새로운 길을 택할 수도 있다는 생각을 그들이 전혀 이해하지 못하는 게 너무도 이상하게 생각되었다. 심지어 사랑에 관한 예수의 계명이 특수한 상황 아래서 특정한 사람에게 요구할 수 있는 복종에 호소해 보기도 했지만 돌아오는 건 건방지다는 비난뿐이었다.

요컨대 그토록 많은 사람이 그의 마음의 창문과 덧문을 모조리 열어젖힐 권리가 있다고 생각하는 것이 슈바이처는 정말 고통스러웠다.

어떤 생각에서 자신이 그런 결심을 하게 되었는지 이해시켜 보려고도 했으나 별 소용이 없었다. 그들은 그가 그런 결심을 한 이면에는 반드시 곡절이 있을 것이라고 믿고 어쩌면 출세가 늦은 데 대한 실망 때문이 아닌가 추측하기까지 했다.

그것은 정말 얼토당토않은 추측이었다. 그는 이미 젊은 나이에 다른 사람 같으면 평생 걸려 싸우고 노력해도 얻기 힘든 명성을 얻지 않았던가. 개중에는 또 그가 실연을 해서 그런 결심을 하게 된 것으로 생각하는 사람들도 있었다. 그런 사람들에 비하면 무자비하게 그의 마음속을 파헤치려 하는 대신 그를 머리가 약간 이상한 젊은이로 보고 놀려 대는 사람들이 오히려 고마울 지경이었다.

물론 그는 친척들과 친구들의 비난이 어떤 점에서 타당하다는 사실을 인정하고 있었다.

이상주의는 냉철해야 한다고 믿고 있던 그는, 개척되지 않은 길을 간다는 것이 특수한 상황 아래서만 성공의 가망성이 있는 모험이라는 사실을 잘 알고 있었다. 그러나 여러모로 생각해 본 결과 자신의 경우에는 그런 모험이 정당하다는 결론에 도달할 수 있었다. 그는 자신이 건강, 안정감, 정력, 상식, 끈기, 분별력, 욕심 없는 마음, 그 밖에 이상의 길을 걸어가는 데 필요한 모든 조건을 갖추고 있을 뿐 아니라, 계획이 실패하더라도 이를 참고 견딜 수 있는 마음의 준비가 되어 있다고 생각했다.

이 무렵부터 그처럼 독자적인 활동을 해 보고 싶어 하는 사람들이 그에게 의견과 조언을 청해 오기 시작했다. 그러나 그가 그들을 대뜸 격려한 경우는 많지 않았다.

슈바이처는 정신적으로 불안정한 사람일수록 남다른 일을 해 보고 싶은 욕구가 강하다는 사실을 종종 확인할 수 있었다. 이런 사람들이 뭔가 큰일에 헌신하고 싶어 하는 것은 지금 하고 있는 일에 만족하지 못하기 때문이다. 그들은 그와 같은 하찮은 동기에서 결심을 하는 경우가 적지 않았다.

무슨 일에서나 가치를 발견하고 완전한 책임감을 가지고 헌신할 수 있는 사람이라야 자연적으로 주어진 일 대신 특별한 일을 목표로 삼을 수 있다고 그는 믿었다. 자신의 계획을 특별한 것이 아니라 당연한 것으로 생각하고 냉정한 감격으로 받아들인, 의무는 알지만 영웅주의는 알지 못하는 사람이라야 세계가 필요로 하는 진정한 모험가가 될 수 있다는 것이 그의 생각이었다.

슈바이처는 그러한 모든 검증을 거쳐 이 새로운 모험의 길을 택할 수 있었던 자신의 처지를 감사하게 생각했다.

세상에는 인류를 위한 봉사에 일생을 바치고 싶은 충동을 느끼고 실제로 그런 능력이 있으면서도 주변 사정 때문에 이를 단념할 수밖에 없는 사람이 많았다. 그들은 가족을 돌보거나 자신의 생계를 유지하기 위해 일정한 직업에 종사하지 않으면 안 되었다.

슈바이처는 그처럼 유능한 사람들이 단지 불우한 환경 때문에 사회에 유익한 개인적 활동을 포기하는 경우를 흔히 보아 왔다. 때문에 그는 자유롭게 봉사 활동을 실천할 수 있는 사람들은 그 행복을 겸손한 마음으로 받아들여야 한다고 생각했다.

"그들은 같은 일을 하고 싶어 하며 또 그럴 능력이 있으면서도 그렇게 하지 못하는 사람들을 잊어서는 안 될 것이다. 요컨대 그들은 자신의 강한 의욕을 겸허한 마음으로 단련하지 않으면 안 된다."

그는 또 이런 활동을 하기로 결심한 사람은 시련이 오더라도 흥분하지 말고 당연히 올 것이 왔다는 마음으로 받아들여야 한다는 사실을 처음부터 분명히 가슴에 새기고 있었다.

"선을 행하려 한다고 해서 사람들이 길에서 돌을 치워 주리라고 기대해서는 안 된다. 오히려 가는 길에 돌을 굴려다 놓으리라고 각오하고 이것을 하나의 숙명으로 받아들여야 한다. 이런 저항을 체험하는 가운데 정화되고 강화된 힘만이 시련을 극복할 수 있다."

인간의 마음속에는 사람들이 상상하는 것 이상으로 어마어마한 가치들이 저장되어 있다는 사실을 슈바이처는 일찍부터 깨닫고 있었다. 그는 사람들의 게으름으로 이런 가치들이 순간순간 무의 상태에 머무르고 마는 것을 안타깝게 생각했다.

"우리의 인간성은 사람들이 어리석게 지껄이듯 그렇게 물질적인 것은 아니다. 내가 알기에 인간 속에는 표면에 나타나는 것보다 훨씬 많은 이상적인 욕구가 내재해 있다. 땅속을 흘러가는 물이 눈에 보이는 물보다 많은 것처럼 인간의 마음속에 묶여 있거나 간신히 풀려난 이상주의는 눈에 보이는 이상주의보다 많다. 묶여 있는 것을 풀어 주고 땅속에 있는 물을 표면으로 끌어올릴 수 있는 사람, 바로 이런 사람들을 인류는 고대하고 있다."

자신의 이상을 실현할 도구로서 그가 의학을 선택한 것은 별로 말을 하지 않고도 일할 수 있기 때문이었다. 그는 수년간 신학 교수와 목사 직에 종사하면서 말로써 하는 일에 정력을 쏟아 왔다. 그래서 자신의 새로운 활동은 사랑의 종교에 대한 설교가 아니라 그것을 직접 실천하는 것이어야만 한다고 생각했던 것이다.

그러나 의사가 되기 위해서는 서른의 나이에 다시 오랜 시간을 투자해야 하는 힘든 공부를 시작하지 않으면 안 되었다. 슈바이처의 친구들이 그의 계획에서 가장 불합리한 점이라고 지적한 것도 바로 이 문제였다. 물론 그 자신도 의학 공부를 하기 위해서는 굉장한 노력이 필요하다는 걸 잘 알고 있었다. 그는 다가올 몇 년을 불안한 마음으로 내다보았다. 그러나 의사로서 봉사의 길을 가겠다고 결심하게 된 동기가 너무도 중요했기 때문에 다른 생각이나 불안 같은 건 그의 마음에 오래 머무를 여지가 없었다.

선교사들의 보고에 따르면 그가 가려고 마음먹은 적도 아프리카 지방에서는 무엇보다도 의사가 필요했다. 선교사들은 선교 잡지를 통해 원주민들이 몸이 아파 자기들을 찾아와도 필요한 도움을 주지 못하고 있다고 계속해서 호소하고 있었다.

슈바이처는 이 불쌍한 사람들의 의사가 되기 위해 의학도가 된다는 것은 뜻있는 일이라고 판단했다. 의학 공부에 바쳐야 할 세월이 너무 길다고 느껴질 때면 그는 한니발이 로마로 진군하기 위해 오랜 세월을 두고 사전 준비를 했던 사실을 떠올리며 새로운 용기를 얻곤 했다.

의학 공부 외에도 한 가지 문제가 남아 있었다. 파리 선교위원회에서 슈바이처의 신학적 입장에 대해 심각한 우려를 표명했던 것이다.

슈바이처는 자신이 선교사로서가 아니라 '단지 의사로서' 아프리카에 가기를 원한다는 사실을 분명히 했다. 그러나 위원 중 몇 사람이 '바른 기독교적 사랑'은 가지고 있지만 '바른 신앙'은 가지고 있지 않은 선교 의사의 봉사를 받아들이기를 거부한다는 소식을 통보해 왔다.

슈바이처는 어처구니가 없었다.

'날마다 예수의 복음을 마주하고 사는 선교사들이 자신들의 지역 내에서 괴로워하고 있는 원주민들의 의사가 되겠다는 사람의 청을, 단지 그의 신앙이 자신들이 생각하는 정통 신앙이 아니라는

이유로 거절할 권리를 가지고 있단 말인가.'

그러나 슈바이처와, 자신의 글을 읽고 봉사를 자원한 젊은이가 있다는 사실에 깊이 감동한 선교회 회장 뵈그너는 이 문제에 대해 지나치게 염려하지는 않았다. 그들 위원들이 올바른 기독교적 이성으로 돌아올 시간적 여유가 아직 몇 년은 남아 있다고 생각했기 때문이었다. 그뿐만 아니라 의학 공부를 시작한 초기에는 그날그날의 일과 걱정에 시달려 앞으로의 일에 신경 쓸 시간도 정력도 없었다. 당장 중요한 것은 아프리카의 가엾은 원주민들이 절박하게 필요로 하는 실질적인 지식과 기술을 하루라도 빨리 습득하는 일뿐이었다.

의과대학 시절

"자네 제정신으로 하는 말인가?"

펠링 교수는 어처구니없다는 표정으로 슈바이처를 쳐다보았다. 당시 의과대학 학장이던 펠링 교수에게 슈바이처가 학생으로 등록을 하자 교수는 그를 차라리 정신병학 교수에게 맡기고 싶어 했다.

슈바이처는 학장에게 미소를 지어 보였다.

"물론입니다, 교수님."

학장은 이해할 수 없다는 듯 고개를 좌우로 흔들었다.

그러나 사람들의 그런 반응에는 이골이 난 슈바이처였다. 문제는 대학 교수단의 한 사람으로서 동시에 학생으로 등록할 수가 없다는 점이었다. 그렇다고 청강생으로 의학 강의를 들을 경우에는 당시의 규정상 시험을 치를 자격이 없었다.

다행히 대학 당국은 의과대학 교수들이 교부하는 청강 증명서에 의해 시험을 치를 수 있도록 허가해 주었다. 교수들도 자기네들의 동료에 대한 배려로 모든 강의를 무료로 들을 수 있게 해 주었다.

짙은 안개가 낀 10월 말의 어느 날 아침, 슈바이처는 첫 해부학 강의를 들으러 갔다. 7년이라는 세월에 걸친 피로와의 고투가 시작된 것이었다.

그는 신학 교수 직과 목사 직을 즉각 포기하기로 결단을 내릴 수가 없었다. 그래서 강의도 하고 또 거의 매 주일마다 설교도 해 가면서 의학 공부를 했다.

그뿐만 아니라 그 무렵에는 파이프오르간에도 전보다 많은 시간이 소요되었다. 1905년에 슈바이처는 몇몇 뜻이 맞는 사람들과 함께 파리 바흐 협회를 창립했는데, 이 협회의 지휘자였던 구스타브 브레가 협회 연주회 때는 언제나 그가 파이프오르간을 맡아야 한다고 고집했기 때문에 몇 해 동안 겨울이면 몇 번씩 파리 여행을 하지 않을 수 없었던 것이다.

슈바이처는 최종 연습에만 참가하면 되었고 또 연주가 끝나는 그날 밤으로 스트라스부르로 돌아올 수 있었지만 그래도 연주회가 있을 때마다 최소한 사흘은 희생하지 않으면 안 되었다. 때문에 파리에서 스트라스부르로 돌아오는 열차 안에서 성 니콜라이 교회의 주일 예배를 위한 설교 준비를 했던 적도 여러 번이었다.

바르셀로나에서 있었던 오르페오 카탈라의 바흐 연주회 때도 그가 파이프오르간 연주자 역을 맡아야만 했다. 이전에 비해 이처럼 자주 연주회에 나가게 된 것은 그동안 그가 파이프오르간 연주자로서 유명해졌다는 데도 이유가 있었지만 신학 기숙사 사감 수당이 없어졌기 때문에 부수입을 올리지 않으면 안 되는 것도 무시할 수 없는 이유 가운데 하나였다.

연주 여행을 자주 하다 보니 다양한 분야에서 활동하는 여러 저명인사와 만날 기회도 많아졌다. 오르페오 카탈라의 지휘자 루이밀레를 통해서 카탈루냐의 유명한 건축가 가우디를 알게 된 것은 특히 인상적인 경험이었다.

당시 가우디는 독특한 성가족 교회 건축에 몰두하고 있었는데, 슈바이처가 찾아갔을 때는 우뚝 솟은 탑이 있는 거대한 현관이 막 완성되려던 참이었다. 그는 중세의 건축가들처럼 이 건축이 여러 세대가 지난 후에야 비로소 완성될 것이라는 사실을 알고서 일을 시작했다고 말했다. 다른 날 슈바이처가 다시 공사장을 찾아갔을 때, 그는 교회 옆에 있는 작은 오두막에서 건축물이 드러내는 선 속에 내재된 균형에 관한 신비스런 이론을 슈바이처에게 소개해 주었는데, 슈바이처는 그로부터 오랜 시간이 흐른 뒤에도 이때의 일을 잊을 수가 없었다.

가우디가 그에게 이렇게 말했다.

"이것은 프랑스어나 독일어나 영어로는 도저히 표현할 수가 없지요. 그래서 카탈루냐어로 설명을 해 드리는 겁니다. 그리고 당신은 말을 알아듣지 못한다 해도 이해는 할 수 있을 것입니다."

슈바이처가 완성된 현관 입구의 돌에 새겨진 '애급으로의 도피' 속에서 무거운 짐을 싣고 지친 듯 걸어가는 당나귀의 모습에 감탄하자 가우디는 다시 입을 열었다.

"이 당나귀가 머릿속에서 만들어 낸 것이 아니라고 느끼는 걸 보니 당신은 어느 정도 예술을 이해하는 것 같군요. 여기 돌에 새겨진 모습들 중에 머릿속에서 만들어 낸 것이라곤 하나도 없습니다. 모두가 내 눈으로 본 그대로 서 있지요. 요셉, 마리아, 아기 예수, 성전의 제사장…… 그 어느 것 하나도 모두 내가 직접 만난 사람들 중에서 골라 내어 석고상을 뜨고 석고상에 따라 돌에 새겨 넣었거든요.

당나귀는 정말 어려웠어요. '애급으로의 도피'를 위해 당나귀를 구한다는 사실이 알려지자 사람들은 바르셀로나에서 가장 아름다운 당나귀들을 끌고 왔지요. 그러나 아무 쓸모가 없었답니다. 마리아가 아기 예수를 안고 타신 당나귀는 아름답고 힘센 당나귀가 아니라 늙고 빈약하고 지쳤지만 그 얼굴에는 어딘지 사랑스러운 데가 있고 자기가 하는 일이 무엇인지 알고 있는 그런 당나귀였거든요.

나는 그런 당나귀를 찾고 있었어요. 그리고 마침내 찾아냈지요.

그릇 닦는 모래를 파는 어떤 부인의 수레를 끄는 당나귀였어요. 당나귀는 땅에 닿을 정도로 머리를 숙이고 있었어요. 간신히 주인 여자를 설득해서 데려오게 했지요. 당나귀의 부분 부분을 석고로 본을 뜨자 그 부인은 당나귀가 살아남지 못할 것이라 여기고 눈물을 흘렸어요. 이것이 당신에게 감명을 준 '애급으로의 도피'의 당나귀이지요. 그것은 머릿속에서 생각해 낸 것이 아니라 실제로 살아 있는 당나귀랍니다."

이렇듯 여러 가지 임무와 직책으로 바쁜 와중에도 슈바이처는 의학 공부를 시작한 처음 몇 달 동안 파이프오르간 제작에 관한 논문과 『예수 생애 연구사』의 마지막 장을 썼다.

1906년 봄에 기숙사 사감 직을 내놓았기 때문에 이제 그는 학생 시절부터 생활해 온 토마스 기숙사에서 나오지 않으면 안 되었다. 담장에 둘러싸인 정원의 큰 나무들과 작별을 하려니 마음이 몹시 괴로웠다. 참으로 여러 해 동안 공부를 하다가도 문득문득 고개를 들어 가슴속의 이야기를 주고받던 나무들이 아니던가.

그러던 중 성 토마스회의 큰 건물에 머물러도 좋다는 허락을 받게 되어 슈바이처는 여간 기쁘지 않았다. 알자스 지구 루터 교회 회장으로 있던 프리드리히 쿠르티우스 씨는 성 토마스회 건물 내에 큰 관사를 가지고 있었는데, 그가 이 건물의 다락방 네 개를 내주었던 것이다. 그리하여 슈바이처는 계속 토마스 교회의 그늘 속에서 살 수 있게 되었다.

1906년 비 내리던 사육제 날, 학생들은 그의 소지품을 토마스 제방 가에 서 있는 건물의 한쪽 문으로 가지고 나와 다른 한쪽 문으로 가지고 들어갔다. 그해 봄, 그는 『예수 생애 연구사』도 완성하고 기숙사 사감 직도 내놓았기 때문에 비로소 새 공부에 전념할 수 있었다. 드디어 그가 고등학교 때부터 흥미를 갖고 있던 자연과학에 마음 놓고 몰두할 수 있는 기회가 주어진 것이다.

자연과학 공부는 슈바이처가 바라던 지식의 보완 이상의 것을 가져다주었다. 그에게 있어서 그것은 하나의 정신적 체험이었다.

그때까지 그가 공부했던 정신과학에서는 그 자체에 의해 증명된 진리라고는 하나도 없었다. 단순히 하나의 의견에 불과한 것이 그 전개 방법에 따라 진리로 통할 수 있었다.

슈바이처는 오래전부터 이것을 일종의 심리적 위협으로 느껴 왔다. 역사나 철학의 영역에서는 어느 한쪽의 현실감과 다른 한쪽의 상상력 사이의 끊임없는 결투 속에서 진리 규명이 수행된다. 아무리 사실에 입각한 논증이라 하더라도 교묘하게 전개된 의견 앞에서는 결정적인 승리를 거두지 못한다.

슈바이처는 끊임없이 이런 광경을 구경하면서 현실에 대한 감각을 잃어버린 사람들을 자주 상대하지 않으면 안 되었는데, 이것은 우울한 체험이었다. 그런데 이제는 갑자기 전혀 다른 세계에 와 있는 것이었다.

　이곳에서 그가 취급하는 진리는 사실을 기반으로 성립된 것이었고, 주위 사람들도 어떤 주장을 할 때는 으레 사실에 입각해 증명하지 않으면 안 되는 것으로 알고 있었다. 그는 이것을 자신의 정신적 발전을 위한 중요한 체험으로 받아들였다.

　그러나 그렇다고 해서 그가 인문과학을 멸시한 것은 아니었다. 오히려 그 반대였다. 화학, 물리학, 동물학, 식물학, 생리학 등을 공부해 감에 따라 슈바이처는 사실에 의해 확립된 진리와 더불어 사고에 의한 진리도 필요하다는 것을 전보다 더 강하게 인식하게 되었다. 사실을 통해 얻을 수 있는 지식은, 인간이 우주 속에서 무엇이며 또 무엇을 원하는가 하는 중대한 문제에 대한 궁극적인 해답을 줄 수 없다는 점에서 여전히 불완전하고 불충분했다. 이것을 보완할 수 있는 것이 인문과학 또는 정신과학의 영역이라는 점을 분명히 깨닫게 되었던 것이다.

　1908년 5월 13일. 이날은 비가 오는 가운데 저지 알자스에 있는 유명한 호쾨니히스부르크 성의 복원 낙성식이 거행되던 날이었다. 슈바이처는 2년 동안의 힘든 의예과 과정을 마치고 졸업 시험을 치르러 갔다.

　시험에 필요한 지식을 얻는다는 것은 쉬운 일이 아니었다. 아무리 과학에 흥미를 느끼고 있다 하더라도 서른 살이 넘은 사람의 기억력이 20대 학생들의 기억력을 당해 낼 수는 없었다. 더구나 슈바이처는 시험공부는 하지 않고 끝까지 순수과학을 공부하겠다고 마음먹고 있었기 때문에 시험 몇 주일 전에야 동급생들의 권유에 따라 '시험공부 그룹'에 들어갔다. 거기서 학생들이 만든 리스트를 보고서야 그는 교수들이 보통 어떤 질문을 하며 어떤 답변을 좋아하는지 알게 되었다.

그는 일생 동안 이 시험 때만큼 심한 피로를 느껴 본 적이 없었다. 다행히 시험 결과는 예상 외로 좋았다.

그다음의 임상 학기는 학과가 일률적이었기 때문에 그전에 비해 훨씬 힘이 덜 들었다. 내과, 외과, 부인과, 정신병학, 세균학, 약리학 등의 여러 과목 가운데서 슈바이처가 특히 흥미를 느낀 것은 약제학이었는데, 유명한 디기탈리스 성분 연구가인 슈미데베르크 교수가 이론을 가르치고 있었다.

몇 년의 세월이 흐른 뒤, 슈바이처는 자신이 존경하던 이 교수에게 호의를 베풀 기회를 얻었다. 1919년 봄, 추방된 독일인들이 철도로 수송되기 위해 집결하고 있던 스트라스부르의 노이도르프 역을 우연히 지나가다가 슈바이처는 친애하는 이 노인이 사람들 속에 서 있는 것을 발견했다. 다른 사람들과 마찬가지로 그도 가재도구를 버리고 가야 했는데, 슈바이처가 그를 도울 방법이 없겠느냐고 묻자 그는 팔에 끼고 있던 신문지로 싼 뭉치를 가리켰다. 그것은 디기탈리스에 관한 그의 마지막 논문이었다.

추방당한 사람들은 역에서 하사관들에게 엄격한 검사를 받기 때문에 교수는 큰 원고 뭉치를 가져갈 수 없을 것 같다고 걱정하고 있었다. 그래서 슈바이처는 그것을 받아 두었다가 뒷날 안전한 기회를 이용하여 교수가 머무르고 있던 바덴바덴의 친구 집으로 부쳐 주었다. 그 논문이 출판된 지 얼마 후에 슈미데베르크 교수는 세상을 떠났다.

의학 공부를 시작한 초기에 슈바이처는 경제적인 문제로 많은 어려움을 겪었다. 그러나 독일어판 바흐 연구서의 성공과 연주회 수입으로 차츰 형편이 좋아졌다.

1910년 10월, 그는 마침내 의학 국가시험을 치렀다.

수험료는 9월에 있었던 뮌헨의 프랑스 음악제에서 번 것이었는데, 슈바이처는 이 음악제에서 위도르 교수의 지휘로 교수가 얼마 전에 완성한 파이프오르간과 관현악을 위한 성교향곡을 연주했다.

마지막 시험은 12월 17일에 있었다.

외과 교수 마델룽에게서 마지막 시험을 치르고 차가운 어둠이 깔린 병원 바깥으로 걸어 나왔을 때 슈바이처는 의학 공부의 무서운 긴장이 끝났다는 사실을 도무지 실감할 수 없었다. 자신이 꿈을 꾸고 있는 게 아니라는 것을 몇 번이고 되풀이해서 확인해 봐야 했을 정도였다.

"자네는 워낙 건강하기 때문에 이런 일을 해낼 수 있었던 거야."

옆에서 그와 함께 걸어가던 마델룽 교수가 하는 말이 아주 먼 곳에서 들려오는 것만 같았다.

아직도 인턴으로서의 실습 기간이 남아 있었다. 물론 학위 논문도 제출해야 했다.

슈바이처가 선택한 논문 주제는 이른바 예수의 정신병에 관해 의사들이 발표한 내용을 서술하고 검토하는 것이었다. 예수의 생애에 관한 논문에서 그는 예수가 종말론과 메시아 왕국이라는 환상적인 관념의 세계에서 살았다는 사실을 지적했다. 그로 인해 그는 예수를 몽상가, 심지어는 망상에 빠진 인물로 만들어 버렸다는 비난을 들었다. 따라서 그는 예수의 그와 같은 의식 세계가 정신장애와 무슨 관계가 있는지 의학적인 입장에서 규명하지 않으면 안 되었다.

예수의 정신세계를 연구한 몇몇 의사들은 예수에게 약간의 편집병적 정신장애가 있다고 가정하고 그에게서 병적인 과대망상증과 피해망상증을 찾아냈다. 참으로 보잘것없는 그 논문들을 철저히 검토하기 위해 슈바이처는 끝없는 편집병 문제로 파고 들어가야만 했다. 그래서 46쪽짜리 논문 하나를 완성하는 데 1년도 넘는 시간을 소비할 수밖에 없었다.

그 논문을 그만두고 다른 주제를 택하려 한 적도 한두 번이 아니었다. 그러나 그는 결국 그들이 제시한 징후가 정신병의 존재를 입증하기에는 너무도 미흡하다는 사실을 증명했다. 이들 의학자들이 가장 단순한 의학적 고찰조차 하지 않고 예수의 정신 건강을 의심했음을, 문제의 역사적 측면을 들어 논리 정연하게 설명해 냈던 것이다.

이 논문으로 슈바이처는 철학과 신학에 이어 의학에서도 박사 학위를 따게 되었다.

그 밖에도 그는 의학 공부를 하던 마지막 2년과 병원에서 인턴 생활을 하는 동안 주로 밤 시간을 이용하여 바울 사상 연구를 계속하고, 개정 증보판을 내기 위해 『예수 생애 연구사』를 손질했으며, 위도르 교수와 함께 바흐의 작품들을 각 작품의 연주법에 대한 지시를 붙여 출판하기 위한 준비 작업을 했다.

위도르 교수와의 공동 작업은 슈바이처가 아프리카로 떠나기 전에 소나타, 협주곡, 서곡과 푸가를 포함하는 처음 다섯 권을 완성하는 결실을 보았다. 합창 전주곡을 포함한 나머지 세 권은 슈바이처의 첫 번째 휴가 때 그가 아프리카에서 작성한 초안을 토대로 유럽에서 완성할 계획이었다.

이제 슈바이처가 아프리카로 출발하는 데 걸림돌이 될 만한 것은 아무것도 없었다. 파리 선교회에서 발행한 초록색 표지의 잡지를 읽던 날 이후, 아니 고통받는 이웃을 위한 헌신을 처음으로 결심했던 귄스바흐에서의 성령강림절 아침 이후, 그가 그토록 열망해 온 봉사의 시간이 코앞에 닥쳐온 것이었다.

　바로 이 시간을 위해 뼈를 깎으며 노력했던 순간들이 주마등처럼 슈바이처의 눈앞을 스쳐 지나갔다. 학교와 도서관과 기숙사를 오가며 책과 씨름하는 사이 그는 어느덧 서른일곱 살의 장년에 이르러 있었다.

　서른일곱. 인생의 새로운 모험을 시작하기에 참으로 적절한 나이가 아닌가. 그의 선택에 대해 사람들이 뭐라고 말하든 이제 슈바이처의 가슴을 채우고 있는 것은 아프리카뿐이었다. 그곳에 그의 삶이 있었다. 그리고 이제 곧 그곳을 찾아갈 그의 두 손으로부터 수많은 아프리카 원주민들이 귀중한 생명을 돌려받게 될 것이었다.

마침내 아프리카로

1912년 봄, 슈바이처는 스트라스부르 대학의 신학 교수 직과 성 니콜라이 교회 목사 직을 내놓았다.

더 이상 강의도 설교도 할 수 없다는 것은 그에게 견디기 어려운 고통이었다. 이제 두 번 다시 활동할 수 없는 이 일터들을 쳐다본다는 것이 너무도 가슴 아픈 일이었기 때문에 그는 아프리카로 떠날 때까지 성 니콜라이 교회와 대학 옆을 지나다니는 것을 되도록이면 피했다. 그로부터 오랜 세월이 지난 뒤에도 그는 자신이 강의를 하던, 대학 건물 입구에서 동쪽으로 두 번째 강의실 창문을 쳐다볼 수 없었다.

그해 6월 18일, 그는 스트라스부르의 역사가의 딸인 헬렌 브레슬라우와 결혼했다. 그녀는 결혼하기 전부터 원고를 정리하거나 인쇄 교정을 보아 주는 등 귀중한 조수 노릇을 해 주었고, 아프리카로 떠나기에 앞서 정리해야 할 여러 가지 저술 작업에 있어서도 슈바이처에게 큰 도움이 되어 주었다. 그뿐만 아니라 아프리카에서의 슈바이처의 활동을 돕기 위해 미리 간호학을 공부해 두기까지 했다.

슈바이처는 토마스 제방 가에 있는 집도 비웠다. 여행으로 출타할 일이 생기지 않는 이상 마지막 몇 달 동안은 아내와 함께 아버지가 계시는 귄스바흐의 목사관에서 지내고 싶었기 때문이었다.

그해 봄은 파리에서 보냈다. 열대 의학도 공부할 겸 아프리카에서 필요한 물품들을 구입하기 위해서였다.

그때까지 그는 주로 정신적인 일에만 종사해 왔다. 그러나 이제부터는 목록에 따라 주문서를 작성하고, 하루 종일 물건을 사들이고, 상점들을 돌아다니며 필요한 물건들을 찾아내고, 납품된 물건들과 계산서를 대조하고, 짐짝을 꾸리고, 세관 검사를 위해 상세한 리스트를 작성하는 따위의 일을 하지 않으면 안 되었다.

원시림에서의 살림을 꾸려 나가기 위한 물건들 외에도 그는 의료 기구, 약품, 붕대 등 병원 설비에 필요한 모든 것을 갖추기 위해 많은 시간과 노력을 들여야만 했다. 처음에는 이런 일들이 귀찮게 생각되었다. 그러나 시간이 지남에 따라 물질과의 실제적인 대결도 헌신적으로 몰두해 볼 만한 가치가 있다는 것을 알게 되었고, 나중에는 주문서를 깨끗하게 작성하는 데 예술적인 만족을 느낄 정도가 되었다.

사업에 필요한 자금을 마련하기 위해 친지들을 찾아다니는 것도 빼놓을 수 없는 일 가운데 하나였다.

당시 슈바이처의 사업은 어떤 업적이 있어 타당성을 인정받은

것이 아니라 아직 하나의 계획에 불과했기 때문에 그들의 공감을
구한다는 것이 얼마나 어려운 일인가를 그는 뼈저리게 느껴야만
했다. 친지들이나 친구들은 여전히 이 계획을 무모한 모험이라고
생각하고 있었지만 그가 하는 일이니까 다소나마 도와주겠다고 말
함으로써 그가 지나치게 난처한 입장에 빠지지 않도록 해 주었다.

물론 그가 방문차 찾아온 것이 아니라 기부금을 부탁하기 위해
왔다는 사실을 알자마자 그를 대하는 태도가 눈에 띄게 달라지는
사람들도 없지 않았다. 그러나 친지들을 찾아다니면서 그는 그러
한 굴욕보다 훨씬 많은 사랑을 경험했고, 거기에서 커다란 용기와
힘을 얻을 수 있었다.

스트라스부르 대학의 독일인 교수단이 프랑스 식민지에서 펼치
게 될 이 사업을 위해 거액의 기부금을 내놓았다는 사실에 슈바이
처는 깊은 감동을 받았다. 성 니콜라이 교회의 교인들도 자금의 상
당 부분을 지원해 주었다. 알자스의 여러 교구, 특히 그의 동료나
제자들이 목사로 있는 교구에서도 여러모로 그를 후원해 주었다.
또한 이 사업을 위해 파리의 바흐 협회가 슈바이처와 협회 합창단,
마리아 필립피와 함께 개최한 연주회에서도 적지 않은 자금이 들
어왔다. 슈바이처가 바흐 연주회에 참가한 적이 있어 르아브르에
서는 그의 이름이 이미 상당히 알려져 있었기 때문에 그곳에서의
연주회와 강연회도 경제적으로 대성공을 거두었다.

그리하여 재정 문제는 일단 해결이 되었다. 필수품 조달, 아프리카까지의 여행, 그리고 약 1년간의 병원 경영을 위한 자금이 확보된 것이다. 그뿐만 아니라 몇몇 부유한 친구들은 현재 가지고 있는 것이 다 떨어지고 나면 계속 지원을 해 주겠다는 약속까지 해 주었다.

조그마한 병원을 세우는 데 필요한 자금을 마련할 수 있다는 확신이 생기자 슈바이처는 오고우에 강가에 있는 선교 지역 중앙에 위치한 랑바레네를 거점으로 선교 의사로서 봉사 활동을 하겠다는 최종적인 신청서를 파리 선교회에 제출했다.

당시 프랑스의 식민지였던 랑바레네는 적도 남쪽 아프리카 서해안 가까운 곳에 위치하고 있었다. 랑바레네 선교회는 1876년, 선교사이며 의사였던 미국인 나사우 박사에 의해 창설되었다. 오고우에 지역의 신교 선교 사업은 원래 1874년 이 지방에 온 미국인 선교사들이 시작한 것이었다. 그 후 가봉이 프랑스령이 되자 미국인들이 프랑스 정부의 요청대로 프랑스어로 학교 수업을 해낼 수가 없었기 때문에 1892년부터 파리 선교회가 미국 선교회를 대신하게 되었다.

뵈그너의 후임으로 선교회 회장이 된 장 비앙키 씨는 말이 적고 경건한 사람으로서 선교회 일을 유능하게 처리해 냈기 때문에 친구가 많았다. 그는 그렇게도 원하던 가봉 지역 선교 의사를 비용 한 푼 들이지 않고 얻을 수 있는 기회를 놓쳐서는 안 된다고 주위 사람들을 설득했다.

그러나 정통파 신자들이 반대의 뜻을 굽히지 않는 바람에 결국 선교회는 슈바이처를 위원회에 불러다가 신앙 시험을 치르게 하기로 결정을 내렸다.

슈바이처는 예수가 제자들을 부를 때 그를 따르겠다는 의지 이외에는 아무것도 요구하지 않았다는 사실을 이유로 들어 이 부름에 응하지 않았다. 또한 "나를 반대하지 않는 자는 나에게 찬동하는 자이다"라는 예수의 말씀에 따른다면 병든 흑인을 치료하겠다고 나선 사람이 설사 회교도라 하더라도 이를 거절하는 것은 옳지 못한 일이라고 위원회에 써 보냈다.

대신 그는 자신이 흑인들의 영혼에 그토록 위험한 존재이며, 또 선교회의 명예를 훼손시킬 사람인지 직접 확인할 수 있도록 각 위원들을 개인적으로 방문하겠다는 제안을 내놓았다. 이 제안은 받아들여졌다.

슈바이처는 며칠 오후를 이 일로 보냈다. 위원들 중 몇몇은 그를 차갑게 대했다. 그들은 슈바이처가 아프리카에 가서 자신의 학설로 선교사들을 당황하게 하거나 직접 선교사로서 활동하고 싶은 유혹에 빠지지 않을까 특히 염려된다고 분명하게 말했다. 그러나 슈바이처가 자신은 다만 의사로서 활동하고 싶을 뿐 다른 일에는 일체 입을 다물겠다고 단언하자 비로소 안심했다.

이처럼 선교사들과 흑인 신자들의 신앙을 손상시킬 수 있는 짓은 일체 하지 않겠다는 조건 아래 마침내 그의 신청은 접수되었다. 이제 한 가지 남은 일은 독일 의사 면허만을 가지고 가봉에서 의료 활동을 해도 좋다는 식민성의 허가를 얻는 것이었는데, 영향력 있는 친지들의 도움으로 이 마지막 문제도 곧 해결되었다.

1913년 2월, 70개의 짐짝이 나사못으로 죄어진 다음 화물 편으로 보르도에 발송되었다. 그리고 한 달 뒤인 예수 수난절 오후에 슈바이처는 마침내 아프리카를 향해 귄스바흐를 출발했다.

성 금요일의 오후 예배를 알리는 종소리가 막 그치려는 참이었다. 그는 아내와 함께 기차의 맨 끝 승강대에 서 있었다. 울창한 수목들 사이에 떠 있는 교회 탑의 끝자락이 시야에 들어왔다가 사라졌다.

'언제 다시 볼 수 있을까……'

멀어져 가는 고향의 풍경을 바라보는 슈바이처의 가슴속에는 작별의 서운함과 새로운 생활에 대한 기대가 한데 어울려 소용돌이치고 있었다.

부활절 일요일에는 다시 한 번 파리에서 성 쉴피스 교회의 그리운 파이프오르간과 위도르 교수의 연주를 들었다. 그리고 그날 오후 2시에 보르도행 기차가 케 도르세의 지하 정거장을 떠났다.

상쾌한 여행이었다. 여기저기 나들이옷을 입은 사람들이 보였다. 쏟아지는 맑은 햇빛 사이로 봄바람이 마을의 교회 종소리를 실어 왔다. 꿈결처럼 아름다운 부활절이었다.

콩고행 기선은 보르도까지 가지 않고 거기서 바다 쪽으로 기차로 한 시간 반 정도 떨어져 있는 포야크에서 출발했다. 슈바이처는 보르도 세관에서 미리 부친 짐을 찾은 다음 짐과 함께 콩고행 여객을 포야크까지 실어다 줄 기차에 올랐다.

도와준 사람들에게 임금을 모두 치르고 마침내 찻간에 자리를 잡았을 때의 기분이란 무어라 표현하기 힘든 것이었다.

이윽고 출발을 알리는 나팔 신호가 울렸다.

기차는 교외로 미끄러져 나갔다. 푸른 하늘. 부드러운 공기. 금잔화가 만발한 들판에서 한가로이 풀을 뜯는 소. 정확히 한 시간 삼십 분 후에 거적으로 꾸린 짐과 상자와 무수한 통들 사이에서 기차가 멎었다. 부두가 바로 눈앞에 있었다.

지롱드 강의 흐린 물 위에서 배가 가볍게 흔들리고 있었다. 배 이름은 '유럽호'였다. 슈바이처 부부는 소음과 고함과 밀고 밀리는 혼잡을 뚫고 좁은 판교를 건너 배에 올랐다. 슈바이처가 이름을 대자 승무원이 앞으로 3주일 동안 묵을 선실의 번호를 일러주었다.

실어야 할 화물이 많기 때문에 배는 다음 날 오후에야 출항했다. 흐린 하늘 아래에서 배는 서서히 지롱드 강을 내려갔다. 날이 저물 무렵에 긴 파도가 일어 배가 대양에 나와 있음을 알려 주었다.

슈바이처는 바다 여행 경험이 없었다. 그래서 선실에 가지고 들어온 트렁크들을 줄로 단단히 묶어 두지 않았다. 밤이 되자 짐들이 마구 뒹굴기 시작했다. 그는 트렁크를 붙들려다가 하마터면 한쪽 발이 트렁크와 벽 사이에 끼일 뻔했다. 그래서 트렁크들을 그들의 운명에 맡겨 두고 다만 침대에 매달린 채 배가 한 번 흔들려서 트렁크가 서로 부딪칠 때까지 얼마만큼 시간이 걸리는가를 재어 보는 것으로 만족했다. 나중에는 다른 선실에서 똑같은 소음과 함께 조리실과 식당에서 뒹굴기 시작한 그릇 소리까지 들려왔다. 아침이 되어서야 슈바이처는 객실 담당 보이로부터 선실 안의 트렁크를 멋지게 고정시켜 두는 방법을 배울 수 있었다.

선객들은 주로 장교나 군의관, 관리들이었는데, 이 여행 중에 한 군의관과 알게 된 것은 슈바이처에게 큰 도움이 되었다. 그는 벌써 12년 동안이나 적도 아프리카에 있었으며, 지금은 세균학 연구소장으로 그랑바삼에 부임하는 길이었다.

슈바이처의 부탁을 받아들여 그는 매일 아침 두 시간씩 열대 의학 전반과 자신의 실험 및 경험에 대해 이야기해 주었다. 그의 의견은 관직에 매이지 않은 자유로운 의사들이 되도록 많이 아프리카 원주민들을 위해 헌신할 필요가 있다는 것이었다.

배가 테네리파를 출항한 다음 날, 노천에서는 언제나 헬멧을 쓰고 있으라는 명령이 내려졌다. 슈바이처에게는 이 규정이 이상하게 여겨졌다. 아직도 날씨는 상당히 선선하여 고국의 6월보다 덥지 않았기 때문이었다. 그러나 이날 모자를 쓰지 않고 석양을 즐기다가 그는 아프리카 사정을 잘 아는 사람으로부터 책망을 들었다.

"오늘부터는 설령 조금도 덥지 않더라도 태양을 최악의 적으로 여겨야 합니다. 대낮이든 해 질 무렵이든 갠 날씨든 흐린 날씨든 가리지 않고 말입니다. 어째서 태양이 그렇게 해로운지는 모르겠습니다만, 아무튼 확실한 것은 적도 가까이 가기 전에 위험한 일사병에 걸리는 일도 있고, 보기에는 상냥한 아침 햇빛과 저녁 햇빛이 대낮에 뜨겁게 내리쬐는 햇빛보다 해롭다는 것입니다."

처음으로 아래위 모두 흰옷을 입고 헬멧을 썼을 때는 기분이 야릇했다. 마치 가장을 하고 있는 것 같은 느낌이었다.

세네갈 식민지의 큰 항구 다카르에서 슈바이처는 아내와 함께 자신들이 생애를 바치려고 하는 아프리카 땅을 처음으로 밟아 보았다. 엄숙한 기분이었다.

다카르의 인상은 좋지 않았다. 도시는 커다란 경사지에 있었는데 거리의 일부는 아직도 형편없는 상태였다. 흑인의 손에 내맡겨져 수레를 끌어야 하는 짐승의 운명은 끔찍한 것이었다. 슈바이처는 어디에서도 여기서처럼 혹사되는 말과 당나귀를 본 적이 없었다.

그는 목재를 잔뜩 실은 수레가 구덩이에 처박혀 있는 것을 보았다. 위에 타고 있는 두 흑인이 소리를 지르며 불쌍한 말에게 매질을 하고 있었다. 슈바이처는 그 광경을 보고 도저히 그냥 지나칠 수가 없어서 두 흑인을 억지로 수레에서 내리게 한 다음, 셋이서 수레를 밀어 구덩이에서 끌어냈다. 흑인들은 몹시 놀라워하는 표정이었으나 거부하지 않고 그의 말을 따랐다.

"동물 학대를 보아 넘길 수 없다면 아프리카행을 그만두시죠."

돌아오는 길에 동행했던 중위가 말을 덧붙였다.

"이곳에서는 이런 것쯤은 아무것도 아닙니다. 더 심한 예를 얼마든지 볼 수 있지요."

슈바이처는 아프리카의 해안은 초목이 없이 황량하리라고 상상하고 있었다. 그래서 다카르 다음의 정박지인 코나크리를 향하여 배가 해안선을 따라 나아가는 동안 근사한 초록 숲이 계속되는 것을 보고 놀랐다. 망원경으로 보니 흑인 부락의 뾰족한 천막도 보였다. 그 앞으로는 모래펄의 물거품이 하얀 연기를 뿜어 올리고 있었다.

코나크리에서부터 배는 거의 해안을 바라보며 나아갔다. 후추 해안, 상아 해안, 황금 해안, 노예 해안…… 저 지평선 위에 줄지어 늘어서 있는 숲이 자기들이 여태까지 보아 온 모든 잔학 행위를 이야기할 수 있다면! 슈바이처는 그곳에 노예 상인들이 상륙하여 살아 있는 상품을 미국으로 운반하기 위해 배에 싣던 광경을 떠올리며 진저리를 쳤다.

코나크리를 지난 뒤로는 거의 매일 밤 육지로 떨어지는 번갯불이 보였다. 밤에는 배가 헤치고 지나간 뒷자리의 바다 빛이 아름다웠다. 물거품이 인광을 발하고, 그 속에서 빛을 발하는 해파리가 타오르는 공처럼 떠오르곤 했다.

4월 13일 일요일 아침, 배는 리브르빌에 도착했다. 그곳에서 슈바이처는 포드라는 미국인 선교사의 마중을 받았다. 선교사는 아프리카에 도착한 첫 선물로 선교소 정원에서 재배한 꽃과 과실을 슈바이처에게 가져다주었다. 슈바이처는 선교소를 방문해 달라는 그의 초대를 기꺼이 받아들였다. 그곳은 바라카라고 불리는 곳이었는데, 리브르빌에서 3킬로미터 정도 떨어진 해안의 언덕 위에 있었다.

대나무로 얽은, 흑인들의 아름다운 집이 즐비하게 늘어선 곳을 지나 언덕으로 올라가니 마침 예배의 합창이 끝나 가는 참이었다. 슈바이처는 그곳에 있는 모든 사람에게 소개되어 20~30명의 흑인들과 악수를 나누었다. 깨끗하게 차려입은 얌전한 흑인들은 거리낌 없으면서도 겸손한 태도를 지니고 있었다. 그것이 그때까지 만난 많은 흑인의 눈에서 슈바이처가 느꼈던 뻔뻔스럽고 비굴하고 괴로운 듯한 느낌을 완전히 가시게 해 주었다.

리브르빌에서 카프 로페스까지는 여덟 시간 거리였다.

4월 14일 월요일 아침, 이 항구가 보이기 시작하자 슈바이처는 불안감에 휩싸였다. 식사 때마다 선객들로부터 식민지 세관의 끔찍한 이야기를 수도 없이 들어왔기 때문이었다.

"화물 가격의 10퍼센트는 틀림없이 지불하게 될 겁니다. 게다가 물건이 낡았건 새것이건 따지지 않지요."

그러나 세관 관리는 슈바이처 일행을 상당히 너그럽게 대해 주었다. 어쩌면 슈바이처가 70개의 화물 상자 품목을 적은 리스트를 제출하면서 보였던 걱정스런 얼굴이 그의 기분을 풀어 주었는지도 몰랐다.

슈바이처는 가벼운 마음으로 배에 돌아왔다. 배에서의 마지막 밤을 보내기 위해서였다. 그러나 가슴속에 오가는 이런저런 생각들로 편히 잠들 수가 없는 밤이었다. 바깥에서는 기중기를 부리는 흑인이 지쳐 쓰러질 때까지 화물을 풀고 석탄을 싣고 하는 작업이 계속되고 있었다.

화요일 아침에 강을 항행하는 배 '알렘베호'로 바꾸어 탔다. 이 배는 어떤 수위에도 관계없이 항행할 수 있도록 바닥이 아주 얕고 넓게 만들어져 있었다. 두 개의 바퀴 모양 추진기는 선체의 양쪽 가로 나와 있지 않고 뒤쪽에 나란히 달려 있었다. 강을 흘러 내려오는 목재와의 충돌을 피하기 위해서였다. 이 배는 이미 화물을 적재하고 있었으므로 선객과 수화물만 실었다. 슈바이처의 짐은 2주일 후에 다른 배로 운반되게 되었다.

물과 원시림! 이 인상을 어떻게 표현할 수 있을까?

슈바이처는 마치 꿈을 꾸고 있는 것 같은 기분이었다. 어디선가 상상화로 본 적이 있는 태고의 풍경이 바로 눈앞에 펼쳐져 있었다. 어디까지가 강이고 어디서부터가 육지인지 구분할 수 없었다. 거대하게 얽힌 나무 뿌리가 열대 지방의 덩굴식물에 덮여 강물 속에 잠겨 있었다. 종려, 야자수, 그 사이사이로 초록빛 가지와 커다란 잎을 벌린 활엽수, 사람 키보다 큰 부채 모양의 잎을 단 파피루스가 들어찬 넓은 들, 그 울창한 초록색 속에서 하늘을 찌를 듯 우뚝 솟은 채 말라 가는 고목……. 그 모퉁이 모퉁이마다 새로운 지류가 입을 벌리고, 강물이 햇빛을 반사하며 반짝이고 있었다.

왜가리 한 마리가 육중하게 날아올랐다가 고목 위에 내려앉았다. 파란 새들이 물 위에 떠 있고 물수리 한 쌍이 하늘 높이 맴돌고 있었다. 그리고 저기, 잘못 본 게 아니었다! 야자수 아래로 드리워져 한가롭게 움직이고 있는 것은 원숭이의 두 줄기 꼬리였다! 꼬리의 임자는 이내 자취를 감추었다. 이제 진짜 아프리카에 도착한 것이다.

배는 장시간의 항행 끝에 작은 흑인 부락 옆에 멎었다. 강 언덕에는 빵집에서 쓰는 것 같은 장작이 수북하게 쌓여 있었다. 배를 그곳에 댄 것은 연료용으로 그 장작을 싣기 위해서였다. 흑인들이 한 줄로 늘어서서 장작을 싣기 시작했다. 갑판에는 종이를 든 흑인이 서 있었다.

장작이 열 개 운반될 때마다 그에게 널빤지 위의 사람이 아름다운 가락을 붙여 노래하듯 말했다.

"줄을 그으라!"

백 개가 되면 같은 가락으로 말했다.

"십자를 그으라!"

값은 100개비에 4~5프랑이었다.

준비한 장작이 너무 적다고 선장이 마을의 장로를 꾸짖었다. 장로는 열띤 말과 몸짓으로 변명을 늘어놓았다. 그리고 마지막에는 장작 값을 돈보다 브랜디로 지불해 주었으면 좋겠다고 말했다. 백인은 흑인보다 값싸게 브랜디를 살 수 있으므로 그렇게 하는 것이 이익이라고 생각하는 것이다.

배는 다시 앞으로 나아갔다. 강 언덕에 사람이 살지 않는 다 허물어진 오두막이 여러 채 보였다. 옆에 있던 상인이 말했다.

"20년 전에 여기 왔을 때는 이 근처의 부락이 모두 번성하고 있었는데 말이에요."

"지금은 왜 이렇습니까?"

슈바이처가 물었다.

상인은 어깨를 움츠리며 나직이 말했다.

"브랜디가 문제죠."

해가 저문 뒤 배는 다시 어느 상점 옆에 멎었다. 이번에는 두 시간쯤 걸려서 3000개의 장작을 실었다. 조금 전의 상인이 말했다.

"만약 낮에 여기 도착했더라면 흑인 선객은 모두 내려가서 브랜디를 샀을 겁니다. 목재 거래로 이 지방에 떨어지는 돈은 모두 브랜디로 변해 버리죠. 저는 토인들이 있는 식민지를 모두 돌아다녀 보았습니다만, 브랜디는 모든 문화적인 사업의 적입니다."

숭고한 자연의 인상 속에 고통과 불안이 뒤섞여 왔다. 오고우에 강에서 보내는 첫날 밤의 어둠이 내리는 것과 동시에 아프리카의 비참한 그늘이 슈바이처에게 밀어닥쳤다. 그동안에도 갑판 쪽에서는 예의 단조로운 목소리가 "줄을 그으라! ……십자를 그으라!"는 노래를 되풀이하고 있었다.

배는 달빛 속을 나아갔다. 오전 5시쯤 기관이 다시 움직이기 시작했다. 숲은 하류에서보다 한층 더 웅대해졌다. 벌써 200킬로미터 이상이나 거슬러 올라온 것이다. 멀리 언덕이 하나 나타나고, 그 위에 점점이 빨간 지붕이 보였다. 은고모의 선교소였다.

거기서 다섯 시간쯤 더 나아가자 멀리 랑바레네의 완만한 언덕이 보였다. 배가 닿으려면 아직도 삼십 분이나 걸릴 텐데 증기선은 벌써 기적을 울렸다. 멀리 떨어져 있는 여러 곳의 상점 사람들에게 배가 도착한다는 것을 빨리 알려 주어야 그들이 자기 앞으로 온 화물을 찾으러 카누를 타고 부두까지 나올 수가 있는 것이다.

랑바레네의 선교소에서 부두까지는 카누로 삼십 분 이상이나 걸린다. 그래서 배가 닿았을 때는 아무도 마중 나온 사람이 없었다. 그러나 화물을 육지에 내리는 동안 갑자기 가느다랗고 긴 카누 한 척이 증기선을 빙 돌아 나오는 것이 보였다.

소년들이 즐겁게 노래하며 카누를 젓고 있었다. 그런데 너무 빠른 속도로 다가와서, 카누에 타고 있던 백인 한 사람은 재빨리 몸을 뒤로 젖히지 않았더라면 증기선을 붙들어 맨 밧줄에 머리를 부딪힐 뻔했다. 그는 남자 학교의 하급반을 인솔하고 온 선교사 크리스톨 씨였다.

뒤이어 선교사 엘렌베르거 씨가 상급반이 젓는 보트를 타고 왔다. 오는 동안 소년들은 카누 젓기 시합을 했는데 꼬마들이 이긴 모양이었다. 이들이 슈바이처 일행을 태우고, 상급반은 짐을 운반하게 되었다. 참으로 유쾌한 소년들이었다! 그중 한 꼬마는 슈바이처의 무거운 총을 어깨에 메고서 위엄 있게 걸어 다녔다.

카누가 움직이기 시작하자 처음에는 불안했다. 이 배는 단 한 그루의 나무로 아주 평평하고 좁게 만들어졌기 때문에 약간의 동요라도 생기면 균형을 잃게 되어 있었다. 그러나 삼십 분쯤 지나자 슈바이처는 불안을 잊고 근사한 항해를 즐길 수 있었다.

소년들은 상류로 항행을 계속하고 있는 증기선과 경쟁하여 노를 젓는 데 너무 열중한 나머지 하마터면 세 명의 나이 든 흑인 여자들이 타고 있는 카누와 부딪칠 뻔했다. 그래도 즐거운 노랫소리는 끊일 줄을 몰랐다.

카누는 삼십 분쯤 본류를 거슬러 올라간 후 한 줄기의 지류로 들어섰다. 저녁 햇빛에 싸인 언덕 위에 하얀 점들이 군데군데 보였다. 선교소 건물이었다. 육지에 가까워질수록 소년들의 노랫소리는 점점 더 높아졌다. 이윽고 소나기를 머금은 바람으로 출렁대는 강을 가로질러 카누는 조그마한 후미로 미끄러져 들어갔다.

슈바이처는 먼저 수많은 검은 손과 악수를 해야 했다. 그는 이미 이런 일에는 익숙해져 있었다. 그리고 나서 선교사 크리스톨 씨의 부인, 여교사 홈베르트 씨, 집을 짓거나 선교소 건물을 수리하는 일을 담당하는 직공 선교사 카스트 씨가 그를 숙소로 안내해 주었다.

슈바이처 내외가 거처할 집은 학생들에 의해 꽃과 종려나무 가지로 장식되어 있었다. 그것은 50미터 높이의 40개쯤 되는 철기둥 위에 얹혀 있는 목조 건물이었다. 네 개나 되는 방은 베란다로 둘러싸여 전망이 훌륭했다. 군데군데 지류가 호수를 이루고, 주위는 숲으로 에워싸여 있었다.

당장 필요한 물건들을 짐에서 풀어내자마자 이내 밤이 되었다. 그곳에서는 오후 6시면 밤이 내린다.

저녁 예배를 알리는 종소리가 울려 퍼졌다. 학교에서 들려오는 찬송가 소리에 맞춰 한 떼의 귀뚜라미가 반주를 하듯 울기 시작했다. 슈바이처는 깊은 감동에 잠긴 채 트렁크에 걸터앉아 노랫소리에 귀를 기울였다.

크리스톨 씨의 집에서 저녁 식사를 마치고 나자 몇 개의 등불로 장식된 베란다 앞에 학생들이 나타나 슈바이처의 도착을 축하하기 위해 엘렌베르거 씨가 지은 시를 스위스의 민요 멜로디에 맞춰 노래했다. 슈바이처 부부는 램프 불의 안내를 받으며 오솔길을 걸어 집으로 돌아왔다.

오랫동안 사람이 살지 않았던 집에는 거미와 좀날개바퀴들이 제집인 양 활개를 치고 다녔다. 그것들과 씨름하느라 잠을 설친 첫날 밤이 지났다. 아침 6시가 되자 다시 종이 울렸다. 곧이어 학교 쪽에서 학생들이 부르는 찬송가 소리가 들려왔다.

드디어 새로운 고향에서의 새로운 삶이 시작된 것이다.

3장

물과 원시림 사이에서

랑바레네의 유일한 의사 선생님

병원 개업을 위해서는 준비 기간이 필요했다. 무엇보다 시급한 것은 진료를 위한 골함석 바라크(막사)를 세우는 일이었다. 선교사들은 랑바레네에 도착한 슈바이처를 진심으로 환영해 주었지만 필요한 일손을 구할 수 없었던 탓에 건물의 뼈대조차 세우지 못하고 있었던 것이다.

당시 오고우에 지역은 오쿠메 목재 무역이 번창했기 때문에 어느 정도 노동력이 있는 원주민이라면 선교소에서 일하는 것보다 거기서 일하는 것이 수입이 나았다.

슈바이처는 선교소 입구에 공고문을 써 붙였다.

'위급 환자를 제외하고는 3주일 이후까지 진료할 수 없음.'

물론 이것은 지켜지지 않았다.

그의 집 앞에는 매일 시도 때도 없이 환자들이 나타났다. 일은 매우 어려웠다. 환자와 의사 소통을 하기 위해서는 언제나 우연히 와 있는 통역에 의지해야 했고, 여행 가방에 넣어 온 약이며 기구, 붕대는 밀어닥치는 환자들을 돌보는 데 턱없이 부족했다.

통역 겸 조수를 자청했던 은쳉은 감감무소식이었다. 삼키타 미션스쿨의 흑인 교사인 그는 슈바이처가 도착하기 1년 전에 편지로 병원에서 근무하고 싶다는 뜻을 알려 왔다. 슈바이처는 자신이 도착하면 곧 랑바레네로 오라는 전갈을 보냈었다.

그러나 그는 오지 않았다. 랑바레네에서 100킬로미터 이상이나 떨어진 자신의 고향 마을에서 상속 문제에 관한 담판을 해결해야 한다는 것이었다. 슈바이처는 카누를 보내 될 수 있는 대로 빨리 오라고 재촉했다. 그는 그러겠다고 굳게 약속했으나 몇 주일이 지나도 오지 않았다.

선교사 엘렌베르거 씨는 빙그레 웃으며 슈바이처를 쳐다보았다.

"이제 아프리카에서의 수업 시대가 시작된 것입니다. 맨 처음에 경험한 것을 앞으로 매일같이 겪게 될 끝없는 시련이라고 여기고 받아들여야 합니다. 말하자면 흑인을 믿을 수 없다는 것이지요."

4월 26일과 27일 밤중에 증기선 기적 소리가 들렸다.

슈바이처의 짐들은 오고우에 강 본류 근처에 있는 가톨릭 선교소에 도착했다. 증기선 선장은 자기가 모르는 지류의 항로가 불안스러워 슈바이처가 있는 곳까지 배를 몰기를 거절했던 것이다.

은고모의 직공 선교사 샴펠 씨와 펠로 씨가 화물 운반을 돕기 위해 흑인 노동자 10명을 데리고 랑바레네까지 와 주었다.

슈바이처가 무엇보다 걱정한 것은 파이프오르간용 페달이 달려 있는, 특별히 열대 지방용으로 만들어진 피아노의 운반이었다.

이것은 파리의 바흐 협회가 오랫동안 그들의 전임 오르간 연주자였던 슈바이처에게 아프리카에서도 연습을 계속할 수 있도록 선사해 준 것이었다. 무거운 아연판을 입힌 상자 속에 든 피아노를 카누로 운반한다는 것은 거의 불가능해 보였다. 그렇지만 이곳에는 다른 운송 수단이 없었다.

다행히 어느 상점이 거대한 나무로 만든 카누를 가지고 있어서 이것을 슈바이처에게 빌려 주었다. 3톤이나 실을 수 있는 이 카누라면 다섯 대의 피아노라도 거뜬히 운반할 수 있을 것 같았다.

고생 끝에 70개의 짐짝이 강가에 부려졌다. 이번에는 이것들을 강가에서 언덕 위까지 날라야 했다.

선교소에 있는 사람들이 모두 나서서 힘껏 도와주었다. 학생들도 열심히 거들어 주었다.

상자 하나에 갑자기 무수한 검은 발이 생기고, 동시에 양쪽 가에 양털 머리가 돋아나서, 왁자지껄 소리를 지르며 언덕을 올라가는 모양은 정말 가관이었다.

3일 동안 짐이 모두 운반되었다.

그러나 짐을 푸는 것은 유쾌한 일이 아니었다. 무엇보다 물건을 넣을 수 있는 장소가 없어 애를 먹었다. 급한 대로 직공 선교사 카스트 씨가 직접 목재를 깎아 가장 많이 쓰이는 약품을 놓을 수 있도록 사택 거실에 여러 개의 선반을 붙여 주었다.

진료실이 없는 것은 난감한 문제였지만 전염의 위험이 있었으므로 슈바이처의 방에 환자를 넣을 수는 없었다. 선교사들이 가장 먼저 슈바이처에게 알려 준 것이 아프리카에서는 될 수 있는 대로 흑인을 백인의 거실에 들이지 말아야 한다는 것이었다. 이것은 스스로를 지키기 위해 필요한 것이었다.

하는 수 없이 슈바이처는 집 앞의 노천에서 치료를 하고 붕대를 감곤 했다. 그러나 매일 저녁 폭풍우가 밀려올 때마다 황급히 모든 기구를 베란다로 운반하지 않으면 안 되었다. 그뿐만 아니라 하루 종일 햇볕 속에서 일을 한다는 것은 무섭게 피곤한 노릇이었다.

생각 끝에 슈바이처는 사택 옆에 있는 낡은 닭장을 진료실로 승격시키기로 마음먹었다. 벽에다 몇 단의 선반을 붙이고, 나무로 만든 낡은 침대 하나를 넣었다. 너무 불결한 곳에는 석회를 발랐다.

이것으로 그는 충분히 만족했다.

창문이 없는 이 조그마한 방 안은 숨이 막힐 만큼 무더웠다.

지붕이 구멍투성이라 하루 종일 헬멧을 쓰고 있어야만 했다. 그러나 폭풍우가 온다고 해서 모든 기구를 들고 뛸 필요는 없어졌다. 첫 빗방울이 후두둑 지붕에 떨어지는 소리를 기쁜 마음으로 들으며 유유히 환자에게 붕대를 감아 줄 수 있다는 사실이 무슨 이상한 일처럼 여겨졌다.

그 무렵에 통역 겸 조수도 얻게 되었다. 환자들 중에 상당히 지적으로 보이고 프랑스 말을 잘하는 토인 하나가 슈바이처의 눈에 띄었다. 그는 원래 요리사였으나 그 직업이 건강에 좋지 않아서 그만둘 수밖에 없었다고 했다. 슈바이처는 그에게 사택에 와서 자신의 통역과 조수로 근무해 달라고 부탁했다.

요제프라는 이름의 이 새로운 식구는 매우 재치가 있었다. 해부학 용어를 전부터의 습관에 따라 요리 용어로 표현하는 것도 그에게는 지극히 자연스러운 일이었다. 이를테면 "이 사람은 바른쪽 지고트(양의 뒷다리 고기)가 아픕니다", "이 부인은 왼쪽 위의 커틀릿(갈비)과 필레(등심)가 아픕니다" 하는 식이었다.

요제프는 원주민들과 접촉하는 방법에 관해 슈바이처에게 여러 가지 귀중한 조언을 해 주었다. 그런데 그로서는 가장 중요한 조언으로 생각되었을지 몰라도 슈바이처로서는 도저히 받아들일 수 없는 것이 있었다. 그것은 살아날 가망이 없는 환자는 무조건 돌려보내라는 것이었다. 그는 몇 번이고 주술사들의 예를 들면서 그들은 자기 치료에 대한 명성이 떨어질까 봐 그런 경우에는 절대 환자에게 손을 대지 않는다는 이야기를 들려주었다.

요제프의 말에 일리가 없는 것은 아니었다. 토인들 사이에서는 도저히 살아날 가망이 없는 환자나 가족들에게 희망을 주어서는 안 된다. 그들은 아무런 통고 없이 환자가 죽게 되는 경우, 의사가 오진한 것이 틀림없다는 결론을 내린다. 그래서 원주민 환자들에게는 사정을 두지 말고 냉정하게 말해 주지 않으면 안 된다.

그들은 사실을 알고 싶어 하고 또 곧잘 견뎌 낸다. 그들에게 죽음은 자연스러운 것이다. 그들은 죽음을 두려워하지 않고 태연히 기다린다.

만일 생각지도 않았는데 환자가 살아나게 되면 의사의 명성은 그만큼 높아진다. 그렇게 되면 그 의사는 죽을 병도 고칠 수 있는 것으로 알려지게 되는 것이다.

5월 말에는 전부터 계약이 되어 있던 은쳉도 왔다. 그러나 그를 완전히 신뢰할 수 없었기 때문에 요제프도 그냥 두기로 했다. 요제프는 갈로아 족이고 은쳉은 파우앵 족이었다.

이로써 최소한의 진료 준비는 갖추어진 셈이었다.

슈바이처 부인은 의료 기구를 관리하고 외과 수술 준비를 했으며 수술이 시작되면 조수로서 슈바이처를 거들었다. 붕대류와 수술용 의류의 관리도 그녀의 몫이었다.

수술을 받도록 원주민들을 설득하는 데는 별로 큰 노력이 필요하지 않았다. 몇 년 전 조레 귀베르라는 정부 파견 의사가 순회 진료차 랑바레네에 머무르는 동안 몇 차례 성공적인 수술을 해낸 적이 있었기 때문이었다.

진료는 아침 8시 30분에 시작되었다. 환자들은 슈바이처의 직장인 닭장 앞 벤치에 앉아 차례를 기다리게 되어 있었는데, 매일 아침 조수 가운데 한 사람이 이들에게 병원 규칙을 읽어 주었다.

1. 병원 근처에서 땅에 침을 뱉지 말 것.

2. 기다리고 있는 동안 큰 소리로 떠들지 말 것.

3. 오전 중에 모든 환자의 진료를 끝낼 수 없으므로 환자와 보호자는 하루 치의 식량을 가지고 올 것.

4. 의사 선생님의 허가 없이 선교소 내에서 밤을 보낸 사람은 약을 주지 않고 돌려보냄(멀리서 온 환자들이 밤에 학생들의 침실에 침입하여 학생들을 쫓아내고 잠자리를 차지하는 사건이 가끔 있었기 때문이다).

5. 약을 넣은 병이나 상자는 꼭 반환할 것.

6. 매월 중순, 배가 강에 올라가면 그 배가 다시 내려올 때까지 응급 환자 외에는 의사 선생님에게 와서는 안 됨. 그동안에 선생님은 유럽에 좋은 약을 주문하기 때문임.

규칙이 갈로아 말과 파우앵 말로 아주 상세하게 낭독되었기 때문에 꽤 긴 연설을 하는 정도의 시간이 걸렸다.

모여든 사람들은 조수가 한 구절 한 구절 낭독할 때마다 알아들었다는 듯이 고개를 끄덕인다. 조수는 의사의 말을 강과 호숫가의

모든 부락에 알리라는 말로 연설을 끝맺는다. 12시 30분이 되면 조수가 "의사 선생님은 식사를 하신다"고 알린다. 그러면 알았다는 듯이 모두들 다시 고개를 끄덕인다. 환자들은 나무 그늘에 흩어져 바나나를 먹고 오후 2시에 다시 모여든다.

어둠이 내리는 오후 6시가 되면 진료가 끝난다. 모기와, 그에 따르는 열병의 위험 때문에 등불 밑에서 진료를 한다는 것은 생각조차 할 수 없는 일이었다.

환자들은 돌아갈 때 모두 가죽끈을 끼운 마분지로 만든 둥근 표찰을 받았다. 이 표찰에는 번호가 적혀 있어서 슈바이처의 진료부에는 그 번호 아래 환자의 이름과 병명, 투여한 약 이름이 기입되어 있었다.

진료부에는 또 환자에게 약병이나 약상자 그리고 붕대를 얼마만큼 주어 보냈는가도 기록되어 있었다. 이 기록이 있었기 때문에 환자에게 물건의 반환을 요구할 수 있었고, 실제로 반쯤은 회수할 수 있었다.

약병이나 약상자가 얼마만큼의 가치를 지니고 있는가는 원시림 속에서 투약을 위해 포장을 해 본 사람만이 알 수 있을 것이다. 이곳은 습도가 매우 높기 때문에, 유럽에서라면 종이에 싸든가 마분지 상자에 넣어서 줄 수 있는 약도 코르크 마개를 한 병이나 꼭 닫히는 약상자에 넣지 않으면 안 되었다. 슈바이처는 이 점을 충분히 고려하지 않았기 때문에 환자가 잊었다든가 잃어버렸다고 하는 약상자 하나를 가지고도 그들과 싸우지 않을 수 없을 만큼 곤란을 겪어야 했다.

그는 유럽의 친구들에게 편지를 쓸 때마다 큰 병과 작은 병, 코르크 마개가 달린 유리관, 그리고 크고 작은 약상자들을 모아 달라고 부탁했다. 그러고는 그것들이 충분해질 날을 즐거움 삼아 기다리곤 했다.

원주민들은 그를 '오강가'라고 불렀다. 갈로아 말로 주술사라는 뜻이었다.

흑인들에게 의사는 모두 주술사였기 때문에 그들에게는 의사에 해당하는 다른 말이 없었다. 따라서 그의 환자들은 병을 고치는 자는 또한 병을 일으키는 힘도 가지고 있는 것이 당연하다고 생각하고 있었다. 의사가 좋은 사람이지만 동시에 위험한 존재라고 여겨지고 있다는 것에 슈바이처는 묘한 기분이 들었다.

원주민들은 병의 원인을 악령이나 주술, 그리고 벌레에서 찾았다. 그들에게 벌레는 고통의 화신이었다. 환자에게 증상을 이야기해 보라고 하면 그들은 으레 벌레의 내력을 이야기하곤 했다. 처음에는 벌레가 발에 있다가 다음에는 머리로, 거기서 심장으로 옮긴 다음에 폐로 들어와서 나중에는 뱃속에 올라붙었다는 식이었다.

그러므로 어떤 약이든 이 벌레를 표적으로 삼아야 하는 것이다.

의사가 아편 팅크로 복통을 치료해 주면 다음 날 환자가 기쁜 얼굴로 찾아와서 벌레가 배에서 내쫓겼으나 지금은 머리에 파고들어가서 뇌를 갉아먹고 있으므로 이번에는 머리 속의 벌레를 없앨 약을 달라고 하는 것이다.

환자들에게 약의 사용법을 이해시키는 데도 많은 시간을 빼앗겼다. 약을 줄 때 통역은 몇 번이고 사용법을 가르치고 환자에게 그것을 암송시킨다. 처방을 병이나 약상자에 적어서 마을의 유식한 사람에게 다시 읽어 줄 것을 부탁하라고 당부한다. 그래도 결국은 그들이 한 병의 물약을 단번에 마셔 버린다든가, 종기에 바르는 고약을 먹어 버린다든가, 가루약을 피부에 문질러 바른다든가 하지 않으리라고 장담할 수 없는 노릇이었다.

2, 3개월이 지나자 하루 평균 환자 수는 40여 명에 이르렀다. 병원에서 주로 취급했던 병은 말라리아, 나병, 수면병, 이질, 열대 종기, 침식성 궤양 등이었다. 그 밖에도 폐렴과 심장병 환자가 많은데 놀라지 않을 수 없었다. 비뇨기병도 많이 취급했다.

수술을 요하는 환자는 주로 탈장이나 상피병 환자였다. 적도 아프리카의 원주민들 사이에는 탈장이 만연되어 있었다. 만일 그곳에 의사가 한 명도 없다면, 적기에 수술만 하면 생명을 구할 수 있는 수많은 원주민이 매년 감돈탈장으로 고통스런 죽음을 당할 참이었다.

슈바이처는 도착한 지 몇 주일이 안 되어 원주민의 육체적 참상이 상상했던 것보다 훨씬 심각하다는 것을 알았다. 그래서 더욱, 온갖 반대를 무릅쓰고 그곳에 오고자 했던 계획을 실행하길 잘했다는 생각이 들었다.

염증이 생긴 상처에 깨끗한 붕대를 감고, 이제는 상처 난 발로 진흙 속을 뛰어다니지 않아도 된다며 기뻐하는 그들을 보는 것만으로도 그는 그곳에서 일하는 보람을 느꼈다. 매주 붕대를 감아 주는 날로 정한 월요일과 목요일에, 새 붕대를 감은 환자들이 걷거나 업혀서 언덕을 내려가는 모습을 그는 자금을 기부해 준 유럽의 친지들에게 보여 주고 싶었다. 심장을 앓는 할머니가 디기탈리스를 마시고는 '벌레'가 발 속으로 쫓겨 들어가 다시 숨을 쉬고 잠을 잘 수 있게 되었다고 열띤 몸짓으로 설명하는 모습을 그들에게 보여 주고 싶었다.

아주 적은 양의 약품만으로도, 단지 약간의 붕대만으로도 이곳에서는 그토록 큰일을 할 수 있는 것이다!

그러나 환자들을 치료하는 일보다 거기에 따르는 걱정과 책임이 그의 마음을 늘상 무겁게 했다. 슈바이처는 중환자나 수술 환자의 경과를 염려하며 속을 태우는 부류의 의사에 속했다. 가져온 약품이 거의 떨어져 가는 것도 걱정거리였다.

이런저런 걱정에 지친 어느 날, 그는 남아 있는 약품들을 점검하며 탄식하듯 중얼거렸다.

"감히 만인의 의사가 되겠다는 생각을 하다니 무슨 바보 같은 짓이었던가!"

옆에서 그를 돕고 있던 요제프가 말했다.

"맞아요. 선생님은 이 세상에서 가장 어리석은 바보입니다. 하지만 천국에서는 그렇지 않을걸요."

슈바이처는 쓴웃음을 지으며 요제프를 돌아보았다. 그런 격려가 아니더라도 어차피 거기서 중단할 수는 없는 일이었다.

그러나 갈수록 늘어나는 환자들과 먼 곳에서 환자들을 카누에 싣고 왔다가 다시 집으로 데려가기 위해 환자 곁에 머무르고 있는 가족들을 수용할 숙소를 마련하는 일은 더 이상 미룰 수 없는 숙제였다. 닭장 안에 약품을 조금밖에 비치할 수 없다는 것도 큰 문제였다. 대부분의 환자를 위하여 그는 정원을 가로질러 서재까지 가서 필요한 약을 다시 조제하지 않으면 안 되었다. 이것은 매우 피로하고 시간을 낭비하는 일이었다.

언제쯤이면 진료소로 쓸 바라크를 세울 수 있을까? 가을 우기가 시작되기 전에 완성할 수 있을까? 만일 그때까지 완성되지 않는다면 어떻게 해야 할까?

원래 진료소 터는 남자 학교가 있는 언덕 뒤편으로 예정되어 있었다. 그러나 그곳이 너무 멀고 비좁다고 생각되어 슈바이처는 사택이 있는 언덕의 강을 향한 기슭 일부를 사용할 수 있도록 선교사들과 타협을 보았다. 이 결정은 7월 말에 삼키타에서 소집되는 선교사 회의에서 승인을 받지 않으면 안 되었다. 그래서 그는 자신의 제안을 건의하기 위해 엘렌베르거, 크리스톨 씨와 함께 삼키타로 떠났다. 카누를 타고 가는 최초의 긴 여행이었다.

일주일 동안 계속된 회의에서 슈바이처는 강렬한 인상을 받았다. 토인에게 몸을 바치기 위해 많은 것을 단념하고 살아온 사람들과 같이 있다는 사실이 그의 감정을 북돋아 주었다. 그는 모처럼 유쾌하고 시원한 분위기를 맛보았다.

그의 제안은 호의적으로 받아들여졌다. 그리하여 그가 원하는 장소에 골함석 바라크와 부속 건물이 세워지게 되었다. 선교소는 이 건축에 약 2000프랑을 지원하기로 약속했다.

귀로에는 랑바레네의 부인들이 등불을 들고 일행을 마중 나와 주었다. 배는 날렵하게 물결을 헤치며 나아가 단숨에 물가에 닿았다. 무수한 검은 손이 야영 침대와 트렁크와 삼키타에서 가져온 야채들을 받아 들었다.

이것은 크리스톨 씨의 것이다! 이건 엘렌베르거 씨의 것이다! 이건 선생님 것이다! 그건 두 사람이 들어라, 한 사람에겐 무겁다! 내던지지 마라! 총을 조심해라! 가만있어, 이쪽이 아냐, 저쪽이야!

소란 끝에 드디어 모든 짐이 각자의 집으로 운반되고 일행은 기쁜 마음으로 언덕을 올라갔다.

이제 무엇보다 먼저 해야 할 일은 터를 닦고 흙을 실어 내는 일이었다. 이 일을 위해 몹시 애쓴 끝에 선교소에서 노동자 다섯 명을 고용했다. 그런데 이들은 하나같이 게으르기 짝이 없었다. 드디어 슈바이처도 참을 수가 없게 되었다.

마침 낯익은 목재상 랍 씨가 채벌 허가를 얻기 위해 근방의 숲을 조사하러 왔다가 가톨릭 선교소에서 쉬고 있었는데, 한 무리의 흑인을 데리고 있었다. 그는 슈바이처의 청을 받아들여 건강한 운반 인부 여덟 명을 빌려 주었다.

슈바이처는 그들에게 충분한 보수를 약속하고, 스스로 삽을 잡고 일했다. 그러나 이들의 감독자인 흑인은 나무 그늘에 앉아서 때때로 소리나 질러 줄 뿐이었다.

이틀 동안 열심히 일하자 흙 실어 내기와 땅 고르기가 끝났다. 노동자들은 품삯을 받고 돌아갔다. 하지만 그들은 슈바이처의 훈계를 따르지 않고 상점에서 품삯을 몽땅 브랜디로 바꿔서는 밤이 되자 모두 취해서 돌아갔다. 그 때문에 다음 날은 전혀 일을 할 수가 없었다.

그러나 어찌 됐든 이제 병원 짓는 일이 시작된 것이다.

휴가를 받아 고향으로 돌아갔다가 약속한 날 돌아오지 않은 은 쳉을 해고해 버렸기 때문에 이제 병원 일은 요제프와 둘이서만 하게 되었다. 그 무렵에는 심장병 환자가 점점 늘어나고 있었는데, 그들은 슈바이처가 청진기를 대 보는 것만으로 자신들의 증세를 샅샅이 알아내는 데 놀라곤 했다.

"정말 훌륭한 의사 선생님이라니까요! 내가 밤중에 가끔 숨을 쉴 수 없다든가 늘 발이 붓는다는 것을 알고 있으니까요. 그런 이야기를 조금도 한 적이 없고, 의사 선생님도 내 발을 본 적이 없는데 말이에요."

진료용 바라크가 완성되기 전에는 큰 수술이 없기를 바랐던 슈바이처의 희망은 이루어지지 않았다. 8월에 그는 감돈탈장 환자를 수술했다. 크리스톨 씨가 급사의 방을 수술실로 제공해 주었다. 슈바이처 부인이 마취를 맡고 선교사 한 명이 조수 역을 담당했다.

"감돈탈장을 처치하기 전에 해가 지면 안 된다"는 말을 의학도들은 귀가 닳도록 듣는다. 그러나 아프리카에서는 이 끔찍한 고통으로 인한 죽음이 예사로운 일이었다. 흑인들은 어릴 적부터 누군가가 며칠간이나 울부짖으며 죽음이 구세주로 나타날 때까지 집 안의 모래 속에서 뒹구는 것을 보아 왔던 것이다.

슈바이처는 이런 환자들에 대한 자신의 느낌을 다음과 같이 기록했다.

"이 불쌍한 남자가 운반되어 왔을 때의 나의 심정을 어떻게 글로 표현할 수 있을까! 나는 이 수백 킬로미터에 걸친 지방에서 그를 살려 줄 수 있는 유일한 의사인 것이다. 내버려두면 괴로워하다가 죽게 될 이 환자는, 내가 이곳에 있고, 또 나의 친구들이 나에게 자금을 주므로 누구를 막론하고 구제되어야 하는 것이다. 나는 그의 생명을 구해 줄 수 있다고는 말하지 않는다. 우리는 모두 죽지 않으면 안 된다. 그러나 내가 그에게서 고통의 나날을 제거해도 좋다는 것, 이것이야말로 언제나 새로이 나에게 주어지는 커다란 은총이라 여기고 있다. 고통은 죽음보다 무서운 지배자이다.”

다행히 아인다라는 이름의 이 환자의 수술은 성공적으로 끝났다. 슈바이처는 이 흑인이 수술에 대해 보여 준 신뢰에 깊이 감동했다.

11월에는 다시 은고모로 왕진을 가야 할 일이 생겼다. 선교사 포르 씨의 부인이 모자를 쓰지 않고 잠시 집 밖으로 나갔다가 높은 열과 다른 위험한 증상으로 누워 있었던 것이다.

슈바이처에게 ‘태양은 적’이라고 말해 준 사람의 의견은 옳았다. 어느 상점 주인은 식사 후에 깜빡 졸다가 지폐보다도 작은 천장 구멍으로 새어든 햇빛을 받은 결과 헛소리를 하는 무서운 열병에 걸렸다. 또 다른 한 사람은 배가 뒤집힐 때 헬멧을 잃어버리는 바람에 상의와 셔츠를 벗어 머리를 가렸으나 결국 심한 일사병에 걸렸다.

한 노련한 식민지 의사의 충고에 따라 슈바이처는 일사병을 일종의 말라리아로 취급하여 키니네 용액을 충분히 근육에 주사했다.

선교사 부인의 병세가 호전된 것을 보고 은고모에서 돌아온 그는 놀랍게도 그 사이에 골함석 바라크가 완성되었다는 보고를 들었다. 그로부터 2주일 후에는 내부 시설의 주요 부분이 마무리되었다.

바라크에는 4제곱미터의 방이 둘 있었다. 앞의 것은 진찰실, 뒤의 것은 수술실이었다. 또한 넓게 솟아오른 지붕 아래 작은 방이 둘 있었는데, 하나는 약국, 하나는 소독실로 사용할 계획이었다.

12월 중에 대기실과 환자 숙박용 바라크 하나가 더 완성되었다. 둘 다 흑인 오두막을 크게 만든 구조로, 통나무에다 야자 잎으로 지붕을 이었다.

환자 숙박소의 지붕이 완성되자 슈바이처는 뾰족한 막대기로 흙바닥에다 열여섯 개의 커다란 정사각형을 그렸다. 그 하나하나가 침대를 의미하는 것이었다. 그리고 그때까지 보트를 넣어 두는 헛간에서 숙박하던 환자와 보호자들을 불러들였다.

환자는 한 사람씩 정사각형 안에 누워 침대를 기다리고, 보호자들은 침대를 만들기 위한 손도끼를 받았다. 15분 후에는 여러 척의 카누가 목재를 구하기 위해 강 위로 혹은 강 아래로 흩어져 갔다.

저녁이 되자 침대가 다 완성되었다. 그것은 끝이 두 갈래로 된 튼튼한 네 기둥에 목재를 가로세로로 걸쳐서 덩굴로 묶은 것이었다. 요를 대신해서 마른 풀이 침대 위에 깔렸다.

이로써 슈바이처의 첫 병원이 완성되었다.

이곳에서 그는 매일 열여섯 시간 이상씩 일했고, 처음 1년 동안

5000명 이상의 환자가 치료를 받았다.

이제 분초를 다투는 위험한 수술 환자들이 실려 와도 슈바이처는 보다 여유를 가지고 그들을 보살펴 줄 수 있었다.

"진정하게. 한 시간 후에는 잠이 들 것이네. 그리고 다시 눈을 떴을 때는 아픔이 가신다네."

그는 고통으로 신음하는 환자의 이마에 손을 얹고 말하곤 했다. 수술이 끝나면 그는 어둑어둑한 숙박용 바라크에서 환자가 깨어나기를 기다렸다. 정신이 든 환자는 놀라워하며 주위를 돌아보고 몇 번이나 되풀이해서 말하는 것이었다.

"이젠 조금도 아프지 않아! 정말 조금도!"

환자는 슈바이처의 손을 잡고서 다시는 눕지 않으려고 한다. 그들은 손을 잡은 채 이야기를 나눈다. 커피 관목 사이를 뚫고 아프리카의 태양이 어둑어둑한 방 안으로 비춰 들어오는 가운데 그들 백인과 흑인은 그렇게 나란히 앉아 '우리는 형제'라는 사실을 가슴으로 체험하는 것이다.

슈바이처에 대한 토인들의 믿음은 무서우리만큼 깊어져 갔다. 그들에 대한 슈바이처의 관심과 애정 역시 날이 갈수록 두터워져 갔음은 물론이다.

백인의 의술 가운데서 원주민들이 무엇보다도 놀라워한 것은 마취였다. 유럽의 일요 학교와 서신 교환을 하고 있던 한 여학생은 편

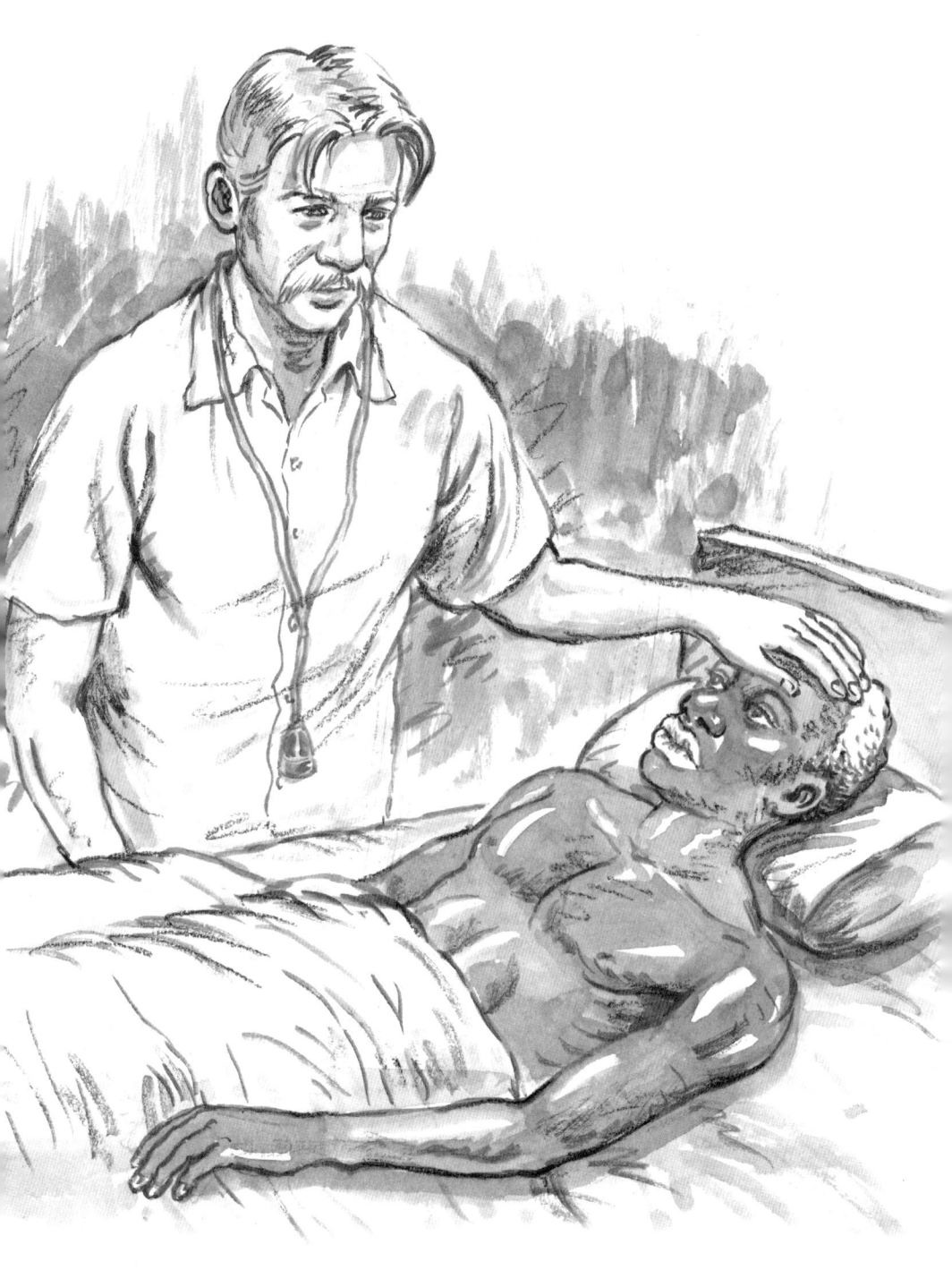

지에 이렇게 적었다.

"의사 선생님이 이곳에 오신 후로 우리는 이상한 일을 경험했습니다. 그는 먼저 환자를 죽여 놓고 나서 치료를 합니다. 그리고 나중에 환자를 다시 소생시킵니다."

토인들에게 있어서 마취란 곧 죽음이었던 것이다. 졸도로 까무러친 적이 있음을 슈바이처에게 알리려고 한 토인은 이렇게 말했다.

"나는 죽었었습니다."

감사한 마음을 행동으로 표현하려는 환자들도 있었다. 8월에 감돈탈장에서 구제된 사나이는 '의사 선생님이 자신의 배를 꿰매는 데' 사용한 비싼 실값을 치르기 위해 친척들과 함께 20프랑을 모아 왔다. 다리 수술을 받은 한 소년의 삼촌은 목수였는데, 2주일 동안 슈바이처를 위해 일하며 낡은 상자를 수납장으로 개조해 주었다.

어느 흑인 상인은 우기가 오기 전에 사택의 지붕을 이을 수 있도록 자기가 데리고 있던 노동자를 보내 주었다. 또 다른 흑인은 슈바이처가 흑인을 위하여 아프리카에 왔다는 것에 감사를 표하러 찾아왔다. 헤어질 때 그는 의료 자금으로 20프랑을 기증해 주었다.

모든 진료는 원칙적으로 무료로 행해졌지만 슈바이처는 흑인들의 이런 뜻을 거절하지 않았다. 오히려 그는 흑인 환자들에게 그들이 받은 도움에 대하여 감사의 뜻을 표할 때는 될 수 있는 대로 행동으로 보여 달라고 부탁했다. 그들이 병원의 혜택을 입고 있는 것은 유럽에서 많은 사람이 희생을 치른 대가이므로 그들도 나름대로 병원을 유지하기 위해 힘닿는 데까지 도와야 한다고 일러주었다.

그리하여 차츰 약값으로 돈이나 바나나, 닭 또는 달걀을 받는 것이 관례가 되었다. 물론 이런 것들은 환자가 받는 치료의 실제적인 대가에는 훨씬 못 미쳤지만 그런대로 병원 유지에 도움이 되었다. 바나나로는 식량이 떨어진 환자들을 먹일 수 있었고 돈으로는 바나나를 충분히 구할 수 없을 경우를 대비해서 쌀을 살 수가 있었다.

슈바이처의 또 하나의 생각은, 원주민들이 모든 것을 무료로 받을 때보다는 그들 스스로 병원 유지를 위해 힘자라는 데까지 기여하게 될 때 오히려 병원의 가치를 더 높이 평가하지 않겠느냐는 것이었다.

치료에 대한 선물을 요구하는 것이 교육적 의의가 있다는 그의 믿음은 경험을 통해 더욱 굳어졌다. 그렇지만 극빈자나 노인에게는 아무것도 요구하지 않았다.

재미있는 것은 선물에 대해 전혀 다른 관념을 가지고 있는 흑인이 있다는 사실이었다. 그들은 병이 다 나아 퇴원할 때면 슈바이처가 이제 자신들의 친구가 되었다는 이유로 오히려 그에게 선물을 요구했다.

슈바이처가 보기에 흑인은 어린아이였다. 아이들에게는 권위가 없으면 아무것도 안 된다. 그래서 그는 "나는 너의 형제다. 그러나 내가 형이다"라는 말을 만들어 냈다. 친밀감을 권위와 결합시킨다는 것, 이것이 토인과의 올바른 교제 비결이라는 것을 터득했던 것이다.

단지 지식과 능력을 더 가지고 있다고 해서 흑인이 백인을 존경할 것이라고 생각해서는 안 된다. 흑인에게 있어서 백인의 그런 우월성은 당연한 일로서 별로 문제가 되지 않는다.

자연의 아이들인 그들은 기본적인 척도밖에 모르기 때문에 모든 척도 중에서도 가장 기본적인 도덕적 척도로 사람을 판단한다. 그리고 그 한 가지 점에 대해서 흑인은 정확한 직감을 가지고 있다. 그들은 자기가 관계하는 백인이 도덕적인가 아닌가 하는 사실로 그 백인을 평가하는 것이다.

어떤 백인의 외면적 품위 뒤에 숨어 있는 내면의 품위를 발견하면 그들은 몸을 굽히고 그를 주인으로 받든다. 반대로 이것을 발견하지 못하면 표면상으로는 아무리 공손해도 언제까지나 반항적이다. 그들은 마음속으로 말하는 것이다.

'이 백인은 나보다 나은 게 없다. 나보다도 착하지 않으니까.'

그런 흑인들의 마음속에 슈바이처는 진정 믿고 따를 수 있는 형이자 아버지 같은 존재로 자리 잡았다. 그때까지 흑인들은 병에 걸리면 고통 속에서 죽음을 기다리거나 그냥 아픔을 참는 수밖에 없었다. 그러나 이제 오고우에 강 일대의 원주민들은 몸이 아프면 제일 먼저 랑바레네의 의사 선생님을 떠올리게 되었다.

제1차 세계 대전의 여파

선교사들은 더 이상 슈바이처를 경계하지 않았다. 그들은 예수의 사랑을 실천한다는 소박한 기쁨 속에서 한마음으로 일했다. 슈바이처가 도착하고 몇 달 안 되어 선교사들이 자진해서 그에게 설교를 부탁해 왔기 때문에 슈바이처는 신앙 문제에 관해 어떤 말도 하지 않겠다는 파리에서의 약속으로부터 해방되었다.

그는 세례 시험에도 참가할 수 있었다. 슈바이처는 두어 명의 늙은 부인을 맡았는데, 어느 날 그가 한 순박한 노부인에게 예수는 가난하셨는가 부유하셨는가, 하고 물었다. 그러자 노부인이 대답했다.

"그런 어리석은 질문이 어디 있어요? 추장 가운데 으뜸이신 하나님이 그분의 아버지신데 그가 어떻게 가난할 수 있겠어요?"

그 밖의 다른 질문에 대해서도 노부인은 재치 있는 답변을 해 주었다. 슈바이처는 노부인에게 그 재치에 걸맞는 좋은 점수를 주었다.

그러나 신학 교수이며 박사인 슈바이처의 평가는 소용이 없었다. 그 부인이 속한 교구의 흑인 목사가 부인이 교리 문답 시간에 꼬박꼬박 출석하지 않았다는 이유로 부인에게 벌을 주고 싶어 했기 때문이었다.

부인의 훌륭한 답변도 그에게는 통하지 않았다. 그는 교리 문답서에 적혀 있는 답변만을 요구했다. 결국 부인은 불합격되어 여섯 달 뒤에 다시 시험을 치러야만 했다.

랑바레네에서의 첫해에는 자유 시간이 거의 없었지만 슈바이처는 이 얼마 안 되는 자유 시간을 바흐 파이프오르간 곡집의 마지막 세 권을 완성하는 데 바쳤다. 그리고 파리의 바흐 협회에서 보내 준 피아노로 다시 연습을 시작했다.

그는 아프리카에서의 활동이 곧 예술가로서의 생애의 종말을 뜻한다는 생각에 익숙해져 있었고, 손가락과 발을 사용하지 않고 녹슬게 하면 단념하기가 더 쉬울 것이라고 믿고 있었다. 그래서 처음에는 연습할 용기가 나지 않았다.

그러나 어느 날 저녁, 우울한 마음으로 바흐의 푸가를 치고 있을 때 아프리카에서의 자유 시간을 자신의 연주 솜씨를 보완하고 심화하는 데 이용할 수 있으리라는 생각이 문득 떠올랐다. 동시에 그는 한 곡에 몇 주 혹은 몇 달이 걸리는 한이 있더라도 바흐, 멘델스존, 위도르, 세자르 프랑크, 막스 레거의 작품을 하나씩 붙들고 가능한 한 상세하게 연구하여 모두 암기해 버리기로 결심했다.

이때부터 그는 다시 연습에 몰두하기 시작했다. 병원 일이 바빠 때로는 하루에 삼십 분밖에 연습할 시간이 없는 날도 있었다. 그러나 예정된 연주회 때문에 쫓기는 일 없이 여유를 가지고 조용히 연습할 수 있다는 것은 참으로 즐거운 일이었다.

그곳에서 슈바이처는 두 번째 건기를 보냈다. 그리고 세 번째 건기가 시작될 무렵에는 귀국하기로 계획을 세우기 시작했다.

그러나 1914년 8월에 유럽에서 전쟁이 일어났다는 소식이 들려왔다. 제1차 세계 대전이었다.

8월 4일, 슈바이처는 카프 로페스에 사는 어느 부인을 위해 약을 조제한 뒤 요제프를 한 상점에 보내 상점의 증기선이 다음 항행 때 약봉지를 전해 줄 수 있는지 알아 오게 했다. 요제프는 백인 주인이 적어 보낸 쪽지를 가지고 왔다.

"유럽에서는 동원령이 내렸습니다. 벌써 전쟁이 일어났는지도 모르겠습니다. 우리 증기선을 당국에 제공하지 않으면 안 되므로 언제 카프 로페스로 갈 수 있을지 알 수 없습니다."

이튿날인 8월 5일 저녁에 랑바레네에도 지시가 내려왔다. 슈바이처 부부는 자신들을 포로로 간주해야 하며, 별도의 지시가 있을 때까지 사택에 머물러도 좋지만 백인 및 원주민과 일체의 접촉을 삼가고 감시를 맡은 흑인 병사의 지시에 무조건 복종해야 한다는 것이었다. 알자스 출신의 다른 선교사 부부도 그들과 마찬가지로 선교소에 감금되었다.

슈바이처가 태어난 알자스는 당시 독일 땅이었고 랑바레네는 프랑스령 콩고 북부 지방의 가봉 지역 내에 있었다. 제1차 세계 대전은 프랑스를 비롯한 연합국과 독일, 오스트리아 간의 전쟁이었기 때문에 알자스 출신을 포함하여 프랑스 식민지 내에서 활동하고 있던 모든 독일인들은 전쟁이 나자 포로 신분이 되었던 것이다.

흑인들은 처음에는 유럽에서 일어난 사건의 의미를 거의 이해하지 못했다. 그들 중의 가톨릭 교도들은 전쟁보다 가을에 있을 교황 선출에 더 큰 흥미를 가지고 있었다.

어느 날 요제프가 물었다.

"선생님, 교황은 제일 나이가 많은 사람, 제일 신앙심이 깊은 사람, 제일 영리한 사람 중에서 어떤 사람을 선출하죠?"

슈바이처는 "경우에 따라서 다르겠지"라고 대답해 주었다.

전에 오고우에 강 유역에 살고 있던 백인들 가운데서 벌써 열 사람이나 죽었다는 소식이 전해지자 한 늙은 원주민은 말했다.

"그렇게 많은 사람이 죽다니! 어째서 그 종족들은 한데 모여 담판을 짓지 않는 거지요? 죽은 사람들 전부에게 돈을 지불하자면 큰

일일 텐데 말이에요."

원주민 사회에서는 전쟁에 이긴 편이든 진 편이든 상대편 전사자에게 보상금을 지불해야 했다.

그들은 또 유럽인들은 시체를 먹지도 않으면서 단지 잔인성 때문에 사람을 죽인다고 비난했다.

백인이 백인을 포로로 하여 흑인 병사의 감시 아래 둔다는 것도 원주민들에게는 납득이 가지 않는 일이었다. 때문에 사택에 있던 흑인 병사들은 '의사 선생님의 주인' 행세를 한다는 이유로 인근 마을의 원주민들로부터 많은 욕을 먹었다.

흑인 노동자들 역시 처음에는 전쟁을 불행한 일로 여기지 않았다. 전쟁이 시작되고 처음 몇 주일 동안 그들은 별로 일을 하지 않아도 되었다. 백인들은 노상 모여 앉아서 유럽으로부터의 뉴스와 풍문을 이야기하고 있었다. 그러나 시간이 흐르면서 흑인들도 사태가 자기들에게까지 영향을 미친다는 것을 깨닫게 되었다.

우선 배가 부족해서 목재를 수출할 수 없었기 때문에 1년 계약으로 고용된 다른 지방의 노동자들은 상점에서 해고되었다. 그들을 돌려보낼 배도 없었으므로 그들은 해안을 따라 떼를 지어 먼 길을 걸어가야만 했다.

담배, 사탕, 쌀, 석유, 브랜디 값도 엄청나게 올랐다. 흑인들의 관심을 끈 가장 큰 문제는 바로 이것이었다. 요제프는 전쟁이 물가고의 원인이라고 한탄하기 시작했다. 그래서 슈바이처는 그에게 말해 주었다.

"요제프, 그렇게 말해서는 안 돼. 선교사나 의사 부인이나 의사의 얼굴이 얼마나 근심스러운지 모르겠나? 우리들에겐 전쟁이 달갑잖은 물가고보다 훨씬 더 심각한 거야. 우리 모두가 사랑하는 사람들의 안전을 걱정하고 있어. 먼 곳에서 부상당한 사람들의 신음 소리와 죽어 가는 사람들의 마지막 숨소리가 들려오는 것 같아."

그 말을 듣자 요제프는 깜짝 놀라서 슈바이처를 쳐다보았다. 그 뒤부터 그는 그때까지 깨닫지 못하고 있던 무언가를 알게 된 것같이 보였다.

병원에서의 활동이 금지되자 슈바이처는 그 기간을 이용하여 바울에 대한 저서를 완성하기로 마음먹었다. 그러나 몇 년 전부터 생각은 하고 있었지만 전쟁으로 인해 비로소 절실해진 문제, 즉 인류의 문화에 대한 문제가 갑자기 그를 엄습했다.

그가 처음으로 이 문제를 생각하기 시작한 것은 1899년 여름 베를린에서였다. 방금 학술인 회의에 참석하고 돌아온 몇 사람과 쿠르티우스 댁에서 이야기를 나누고 있을 때 누군가가 말했다.

"사실 우리는 모두 아류에 지나지 않아."

아류란 독창성이 없이 어떤 학설이나 사상을 무턱대고 흉내내는 사람을 이르는 말인데, 이 말이 번갯불처럼 슈바이처의 머리를 쳤다. 이 말이야말로 그가 평소 느끼고 있던 바를 한마디로 표현해 주는 말이었던 것이다.

이미 대학 시절 초기에 그는 인류가 진보를 향해 나아가고 있다는 견해에 의심을 품기 시작했다. 그는 진보를 향한 이상의 불길이 사람들이 알지 못하거나 아무 걱정도 하지 않고 있는 사이에 점점 꺼져 가고 있다는 인상을 받았다.

그는 이런 사실을 종종 확인할 수 있었다. 사람들은 진보와 문화라는 것에 대해 단지 미지근한 열성밖에 없는 것 같았다. 슈바이처는 여러 가지 징조를 통해 인류가 정신적으로 피로를 느끼고 있다는 결론에 도달하지 않을 수 없었다.

당시 사람들은 인류의 미래에 대해 그로서는 납득이 가지 않는 낙관주의에 빠져 있었다. 사람들은 인류가 지식이나 물질문명에 있어서 전진하고 있을 뿐 아니라, 정신적·윤리적 측면에서도 이전에 도달해 본 적이 없는 높은 차원에서 움직이고 있다고 생각하고 있는 것 같았다.

그러나 슈바이처가 보기에 인류는 정신생활에 있어 지난 세대를 앞서기는커녕 그들이 이루어 놓은 것을 야금야금 빼먹고만 있을 뿐이며, 그런 유산의 상당 부분이 오늘을 살아가는 인간의 손아귀에서 차츰차츰 사라져 가고 있는 것 같았다.

그런데 누군가가 그의 그런 생각을 한마디로 말해 주었던 것이다.

그날 저녁부터 그는 마음속으로 '우리 아류들'이라는 제목의 새로운 저술을 생각하고 있었다. 그는 여러 번 그 생각을 친구들에게 말했다. 그러나 친구들은 그의 우려를 세기말적 염세주의로만 생각하고 아무도 귀를 기울이지 않았다. 하는 수 없이 슈바이처는 누구에게도 더 이상 그에 대해 말하지 않고 단지 설교 때만 인류의 문화와 정신에 대한 자신의 회의를 털어놓곤 했다.

문화와 정신이 몰락한 결과로 세계는 전쟁에 휩쓸렸다. 이제 '우리 아류들'은 사실상 아무런 의미가 없어졌다. 이 책은 일종의 문화 비판으로 구상했던 것이었다. 그는 이 책에서 문화의 몰락을 확인하고 그 위험에 대해 사람들의 주의를 일깨우고자 했다. 그러나 이미 파국이 온 이상 기왕에 명백해진 이유에 대해 더 이상 따져 본들 무슨 소용이 있겠는가?

슈바이처는 시효가 지나 버린 이 책을 단지 자기 자신을 위해 쓰기로 마음먹었다. 포로의 신분이었기 때문에 글을 쓴다 해도 압수 당하지 않는다는 보장이 없었다. 그뿐만 아니라 지금으로서는 유럽으로 다시 돌아갈 수 있을지도 의문이었다.

사택에 감금된 다음 날 아침, 그는 곧바로 집필에 착수했다. 의학 공부를 시작하기 이전처럼 이른 아침부터 책상을 마주할 수 있다는 사실에 놀라움을 금치 못하면서 그는 차분히 『문화 철학』이라고 제목을 붙인 이 책을 써 내려가기 시작했다.

그가 초연히 작업에 몰두하고 있던 중에 11월 말이 되자 감금이 풀렸다. 다시 외출이 허용되었고 환자들을 돌볼 수도 있게 되었다. 뒤에 안 일이지만 이것은 위도르 교수의 노력 덕분이었다.

이미 그 이전부터 환자들과 접촉하지 말라는 지시는 사실상 지켜지기 힘든 것으로 판명되었다. 뚜렷한 이유도 없이 이 넓은 지역에 하나밖에 없는 의사를 빼앗겼다고 백인, 흑인 할 것 없이 입을 모아 불평을 터뜨렸던 것이다. 사정이 이렇다 보니 지역 사령관은 감시병에게 이 사람 또는 저 사람이 의사의 도움을 필요로 하니 들여보내 주라는 명령서를 내려 보내지 않을 수 없었다.

슈바이처는 다시 평상시대로 병원 일을 보기 시작했다.

매일 아침 병원으로 내려갈 때면 그는 많은 사람이 단지 의무 때문에 다른 사람에게 고통과 죽음을 주지 않으면 안 되는 전쟁의 와중에서 자신은 인간에게 착한 일을 하고 인간의 생명을 지키는 일을 할 수 있다는 사실에 무한한 감사를 느꼈다. 이런 감정이 그로 하여금 모든 피로를 초월할 수 있게 해 주었다.

다행히 전쟁이 나기 전에 유럽을 출발한 마지막 기선이 약품 몇 상자와 붕대 두 상자를 갖다 주었다. 덕분에 슈바이처는 몇 달 동안의 병원 운영에 가장 필요한 것을 마련할 수 있었다.

흑인들은 자기들에게 사랑의 복음을 전한 백인들이 서로 싸우고 죽이는 전쟁을 벌이고 있는 것을 이해하지 못했다. 조금 생각할 줄

아는 흑인에게서 그 문제에 대한 질문을 받으면 슈바이처는 그냥
얼버무리려 하지 않고 단지 "우리는 지금 우리가 알 수 없는 무서
운 일에 직면해 있다"고만 대답하곤 했다.

전시의 원시림에도 크리스마스가 찾아왔다.

트리 대신으로 세운 작은 야자나무에 붙인 초가 반쯤 타 버렸을 때 슈바이처는 불을 껐다.

"왜 불을 *끄는* 거예요?"

부인이 묻자 그는 대답했다.

"이것밖에 없으니까 내년에 쓰게 남겨 두어야지."

이듬해 크리스마스도 전쟁 중에 맞이했다. 작년에 남겨 두었던 초는 야자나무 트리 위에서 다 타 버렸다.

힘겨운 한 해였다.

그사이 요제프가 병원 일을 그만두고 떠났다. 스트라스부르에서 오는 자금이 끊겨 빚을 내지 않으면 안 되었으므로 그의 봉급을 70프랑에서 35프랑으로 내릴 수밖에 없었던 것이다. 요제프는 사정이 아무리 그렇더라도 "그렇게 적은 돈을 받고 일하는 것은 자기의 품위가 허락하지 않기 때문에 일을 계속할 수 없다"고 말했다.

슈바이처는 낭비벽이 있는 요제프가 아내를 살 돈을 마련할 수 있도록 하기 위해 손수 만든 저금통을 털어 그에게 주었다. 200프랑이었다. 그러나 요제프는 병원을 그만둔 지 몇 주일 만에 그 돈을 다 써 버렸다.

요제프가 하던 일은 은켄주라는 흑인이 대신 맡았다. 은켄주는 기분이 나쁜 날이 아니면 꽤 쓸 만한 조수였다. 그러나 기분이 나쁜 날의 그는 어쩔 도리가 없었다. 그럴 때면 요제프가 하던 많은 일을 슈바이처 혼자 해낼 수밖에 없었다.

슈바이처 부부에게도 열대성 빈혈 증세가 나타나기 시작했다. 그러나 극심한 피로와 빈혈증에 시달려도 슈바이처는 거의 완벽할 정도로 정신적 생기를 유지했다.

낮에 특별히 심한 일을 하지 않은 날이면 그는 저녁 식사 후 두 시간을 어김없이 인류 문화와 윤리에 관한 자신의 새로운 연구에 바쳤다. 그가 가지고 있던 철학 서적들 외에 필요한 책은 취리히의 동물학자 슈트롤 씨 부부가 보내 주었다. 또 슈바이처가 여러 번 파이프오르간 반주를 해 준 적이 있는 취리히의 유명한 바흐 음악 가수 로베르트 카우프만도 취리히에 있는 민간인 포로 관리소의 도움을 얻어 가능한 범위 내에서 슈바이처가 외부 세계와의 접촉을 유지할 수 있도록 애써 주었다.

슈바이처는 서두르지 않고 차근차근 초고를 작성해 나갔다. 남들은 전쟁터에서 사람을 죽이지 않으면 안 되는데 이렇게 인간의 생명을 구하는 일에 종사하면서 다가올 평화의 시대를 위한 연구를 계속할 수 있는 자신의 처지를 그는 날마다 커다란 은총으로 받아들였다.

저녁 미풍을 가능한 한 많이 받을 수 있도록 그의 책상은 베란다로 통하는 격자문 바로 옆에 놓여 있었다. 밤이면 야자나무 잎사귀들이 가볍게 움직이는 소리에 귀뚜라미와 두꺼비들의 시끄러운 노랫소리가 섞여 들려오곤 했다. 원시림으로부터는 무시무시한 야수의 울음소리가 들려왔다. 베란다에서는 충실한 개 카람마가 자신의 존재를 알리기 위해 이따금씩 나직한 소리로 으르렁거리고, 책상 아래 슈바이처의 발밑에는 그의 작은 영양이 누워 있었다.

이 원시림의 고요 속에서 슈바이처는 이미 오래전에 그의 마음속에 싹을 틔운 사상을 정리해 인류 문화의 재건에 이바지하고자 밤 깊도록 사색을 거듭하는 것이었다.

음악은 여전히 그의 생활의 중요한 부분을 차지하고 있었다. 점심시간과 일요일 오후 시간들이 음악에 바쳐졌다. 음악에 있어서도 그는 세상의 혼잡을 떠나 연구를 계속할 수 있다는 데 고마움을 느꼈다. 이곳 아프리카에서 그는 바흐의 많은 오르간 곡을 이전보다 단순하게 내면적으로 이해하는 것을 배워 가고 있었다.

아프리카에서 자기를 지켜 나가기 위해서는 정신적인 일이 필요하다는 것을 그는 절실히 느끼고 있었다. 그가 보기에는 교양이 있는 사람이 교양이 없는 사람보다 원시림에서의 생활을 잘 견뎌 내는 것 같았다. 교양이 있는 사람은 교양이 없는 사람이 모르는 기분 전환 방법을 가지고 있기 때문이다.

한 권의 진지한 책을 읽고 있을 때 그는 하루 종일 믿음성 없는 토인들이나 동물들과의 투쟁으로 몸과 마음을 소모시키는 불쌍한 자가 아니라 다시 인간이 될 수 있었다. 그렇게 몇 번이고 자기 자신으로 되돌아가 새 힘을 축적할 줄 모르는 사람은 결국 무시무시

한 아프리카의 무미건조한 생활을 이기지 못하고 파멸에 이르고
마는 것이다.

아프리카의 대여행가들은 그래서 늘 어려운 책을 지니고 다녔다.

이곳에서는 신문 같은 것을 거의 읽을 수 없다. 지나가는 날만을
기록하여 인쇄한 풍문은 시간이 정지되어 있는 이곳에서는 괴상하
게 보인다. 이곳에서 사람들은 모든 것이 자연의 일부이며 인간은
무에 지나지 않는다는 것을 날마다 되풀이되는 일상 속에서 체험
한다. 이것이 그들의 세계관 속에 유럽의 소란과 공허에 대한 반감
을 느끼게 하는 무언가를 불어넣는다. 매일매일 뉴스를 읽는 흥분
을 견뎌 내야 하는 사람들의 감정을 이곳 사람들은 상상조차 하지
못한다.

어느 백인은 슈바이처에게 이렇게 말한 적이 있다.

"흑인은 우리보다 깊습니다. 신문을 읽지 않으니까요."

우편물이 오면 사택의 요리사인 알로이스는 슈바이처를 불러 세
우곤 했다.

"선생님, 여전히 전쟁입니까?"

"그래, 알로이스. 여전히 전쟁이야."

그러면 알로이스는 고통스러운 듯 머리를 젓고 나서 몇 번이고
중얼거리는 것이었다.

"아아아, 아아아!"

그는 유럽에서 벌어지고 있는 일을 생각만 해도 머리가 아픈 종족인 것이다. 그들은 그런 종족이다.

식량 사정은 갈수록 나빠졌다. 이제 감자는 귀중품이 되었다. 전쟁이 난 뒤로 백인들도 원숭이 고기를 먹는 데 익숙해졌다. 원숭이가 가장 쉽게 잡을 수 있는 사냥감이기 때문이었다. 원숭이 고기는 산양 고기와 맛이 비슷했다. 슈바이처는 원숭이가 인간의 조상이라는 진화론과 상관없이 원숭이 고기에 대한 혐오감을 좀처럼 극복할 수 없었는데, 하루는 어느 백인이 이렇게 말하는 것이었다.

"선생님, 원숭이 고기를 먹는 것은 사람 고기를 먹는 시초입니다."

그렇게 4년 반을 그는 랑바레네에서 일했다.

그러나 슈바이처 부인이 그곳의 무더운 공기로 말미암아 극도로 쇠약해졌기 때문에 마지막 해의 우기 몇 달 동안을 그들은 해안에서 보냈다. 그들의 처지를 동정한 어느 백인이 카프 로페스에서 두 시간 거리에 있는 오고우에 강 어귀 근처에 있는 집을 빌려 주었던 것이다. 전쟁 전에는 묶어 둔 뗏목의 감시인 거처로 사용되었으나 전쟁 때문에 목재 수출이 중단된 뒤로 비어 있던 집이었다.

그곳에 머무르는 동안 그들의 주된 식량은 슈바이처가 바다에서 잡아 오는 청어였다. 카프 로페스 만에는 상상할 수 없을 만큼 물고기가 많았다.

집주인의 호의에 대한 보답으로 슈바이처는 그곳에 남아 있던 흑인 노동자들과 함께 뗏목에 매여 있는 오쿠메 통나무를 바다에서 육지로 굴려 올리는 작업을 했다. 유럽으로 운반될 때까지 배벌레가 쏠지 못하게 하기 위해서였다. 이 힘든 일은 밀물 때 해치워야 했는데 3톤이나 되는 무거운 통나무 하나를 육지로 굴려 올리는 데 때로는 몇 시간이 걸리기도 했다.

썰물 때는 그곳까지 찾아온 환자들이 없는 한 『문화 철학』의 집필에 몰두했다.

해안에는 목재업이 번창하던 시절에 백인에게 고용되어 살던 노동자들의 오두막이 여럿 있었다. 그러나 슈바이처 부부가 그곳에 머물던 무렵에는 반 넘게 허물어져 주로 그곳을 지나 이동해 가는 흑인들의 거처로 사용되고 있었다.

도착한 지 이틀째 되던 날, 슈바이처는 누가 있나 하고 그곳으로 가 보았다. 불러도 대답하는 사람이 없어 문을 하나하나 열어 보았다. 마지막 오두막에 사람이 하나 쓰러져 있었는데 머리가 거의 모래에 파묻혀 있고 개미가 몸 위를 기어다니고 있었다. 수면병 환자였다.

당시 적도 아프리카 지역에 널리 퍼져 있던 수면병은 삽시간에 한 지역을 황폐화시킬 수도 있는 무서운 병이었다. 우간다에서는 30만 명의 인구를 6년 동안에 10만 명으로 감소시켰고, 오고우에 강 상류의 한 부락에서도 2000명의 인구가 2년 만에 500명으로 줄

어들었다.

이 병은 강하고 약한 갖가지 발열로 시작된다. 발열기 동안 심한 두통이 일어난다. 발열과 함께 류머티즘성 통증도 일어난다. 발열이 있은 2, 3년 후부터 수면이 시작된다. 대개 처음에는 강한 졸음이 온다. 식사 후나 그 외에도 수시로 강한 졸음이 몰려오는 것이다. 수면기 전에 괴로운 불면증이 나타나기도 한다. 환자들은 이 시기에 흔히 우울증에 걸리지만 무서운 광증에 걸려 자살을 기도하는 환자도 적지 않다.

마지막에는 수면이 점점 깊어져서 혼수상태로 옮아간다. 그렇게 되면 환자는 감각을 잃고 아무렇게나 뒹굴어 대소변도 모른 채 잠만 잔다. 그러면서 점점 여위어 간다. 욕창으로 등과 옆구리가 부스럼투성이가 되어 점차 온몸으로 번져 간다. 무릎이 목에까지 굽어든다. 끔찍한 광경이다.

이런 고통에서 해방시켜 주는 죽음도 좀처럼 빨리 오지는 않는다. 때로는 상당히 긴 소강상태가 나타나기도 한다.

오두막의 환자는 아직 숨을 쉬고 있었지만 도저히 살려 낼 가망은 없었다. 가족들이 더는 운반해 갈 수 없어서 아마도 며칠 전에 그곳에 버려두고 간 모양이었다.

슈바이처가 그 불쌍한 사람을 돌보고 있자니 오두막 문으로 초록빛 숲에 둘러싸인 꿈처럼 아름다운 푸른 강물이 내다보였다. 그

위로 반짝이는 저녁 해가 비치고 있었다. 그것은 잊을 수 없는 광경이었다. 바로 눈앞에 낙원과 지옥을 동시에 바라보고 있다는 사실이 그의 마음에 충격을 주었다.

랑바레네로 돌아오니 많은 일이 기다리고 있었다. 슈바이처는 두려워하지 않고 다시 바쁜 일상에 뛰어들었다.

그 무렵 그를 바쁘게 한 것은 주로 이질 환자들이었다. 이 지방에서 전투 부대를 돕기 위해 운반 인부가 징용되어 갔는데 그들 대부분이 이질에 걸렸던 것이다.

이 운반 인부 징용 때 한번은 다리가 악성 궤양에 걸린 한 환자가 징용된 형제를 혼자 보낼 수 없다고 징용을 지원하려 했다. 슈바이처는 그에게 나흘만 걸어가면 도중에 쓰러져 원시림 속에서 죽게 될 것이라고 타일렀다. 그래도 그가 들으려 하지 않았기 때문에 슈바이처는 힘으로 그를 붙드는 수밖에 없었다.

징용된 운반 인부들은 바닷길로 카메룬에 수송되었다. 드디어 흑인들도 전쟁이 무엇인가를 현실 속에서 경험하게 된 것이다.

슈바이처는 그들이 은고모에서 증기선을 탈 때 우연히 그 자리에 있었다. 여자들의 탄식을 뒤로하고 증기선은 떠났다. 배의 연기마저 멀리 사라져 간 물가 바위 위에 아들을 보낸 노파 하나가 소리 없이 흐느끼며 앉아 있었다. 슈바이처는 노파의 손을 잡고 위로의 말을 건넸다. 노파는 그의 말이 들리지 않는 듯 계속 울고만 있었다. 그런 어느 순간 슈바이처는 갑자기 자신이 노파와 함께 울고 있다는 것을, 저물어 가는 저녁 햇빛을 받으며 소리 없이 울고 있다는 사실을 깨달았다.

"인간의 마음속에는 명성을 바라는 고귀한 욕구가 뿌리 깊이 자리 잡고 있기 때문에 언제든 전쟁은 없어지지 않을 것이다."

그는 최근에 읽은 어느 잡지의 한 구절을 떠올렸다.

순간 그의 가슴 깊은 곳으로부터 뜨거운 분노가 치밀어 올랐다.

아들을 전쟁터에 보낸 이 노파의 뼈를 에는 슬픔을 보고서도 전쟁광들은 여전히 전쟁을 찬미할 수 있을까? 무거운 짐을 견디다 못해 원시림의 외로운 길 위에 쓰러져 죽은 운반부들의 시체를 보고서도 그들은 아무런 양심의 거리낌 없이 죄 없는 젊은이들을 전쟁터로 내몰 수 있을까?

언제 끝날지 모르는 전쟁은 그 순간에도 맹위를 떨치며 수많은 목숨을 앗아 가고 있었다. 인류가 생명의 소중함을 깨닫고 사랑으로 세상을 바로 세우지 않는 한 세계는 언제까지고 그런 전쟁의 위험에서 벗어나지 못할 터였다.

부두를 뒤로하고 발걸음을 옮기는 슈바이처의 마음은 무거웠다. 전쟁의 실상을 알지 못한 채, 막연한 두려움에 떨며 수송선에 오르던 흑인들의 겁먹은 눈망울이 눈에 밟혔다. 그들 틈에 섞여 앉아 노파의 죄 없는 아들도 어머니를 생각하며 울고 있을 것이다.

포로가 되어 유럽으로 가다

　1917년 9월, 슈바이처 부부는 수용소 수감을 위해 다음 배편으로 유럽으로 떠나라는 명령을 받았다. 다행히 배가 며칠 늦어졌기 때문에 슈바이처는 선교사들과 몇몇 원주민들의 도움을 받아 쓰던 물건과 약품, 기구 들을 상자에 꾸려 골함석 바라크에 넣어 둘 수 있었다.

　『문화 철학』의 초고를 가지고 간다는 것은 생각할 수도 없는 일이었다. 언제 세관 검사에서 빼앗길지 모르는 일이었기 때문이다. 그래서 슈바이처는 당시 랑바레네에서 활동하던 미국인 선교사 포드 씨에게 원고를 맡겼다. 포드 씨는 철학을 백해무익한 것으로 생각하기 때문에 그 무거운 짐을 강물에 던져 버리고 싶다고 실토했다. 하지만 순전히 기독교적 사랑 때문에 그것을 맡아 두었다가 전쟁이 끝난 다음 보내 주겠다고 약속했다.

슈바이처는 만약의 경우에 대비해 이틀 밤이나 걸려 프랑스어로 초록을 만들었다. 전체의 주요 사상과 이미 완성된 부분의 순서를 기록해 두자는 뜻에서였다. 그리고 검열관에게 현실과 아무 관계 없는 원고라는 인상을 주기 위해 각 장마다 적당한 제목을 붙여 르네상스에 관한 역사적 연구처럼 보이도록 꾸몄다. 실제로 그렇게 한 덕분에 뒷날 여러 번 몰수당할 뻔한 위기를 무사히 넘길 수 있었다.

떠나기 이틀 전, 위급한 감돈탈장 환자가 실려 왔다. 슈바이처는 꾸려 놓은 짐 꾸러미에서 필요한 기구들을 꺼내 급히 수술을 했다.

마침내 떠나는 날이 되어 기선으로 호송된 슈바이처 부부가 강 언덕에서 다정하게 손을 흔드는 원주민들과 작별 인사를 나누고 있을 때 가톨릭 선교회의 수석 신부가 갑판 위로 올라왔다. 접근을 막는 흑인 병사들의 제지를 근엄한 태도로 물리치고 신부는 슈바이처 부부의 손을 잡았다.

"이곳을 떠나기에 앞서 당신들 두 분이 이곳을 위해 행한 모든 선행에 감사드리는 바입니다."

그 후 슈바이처는 그를 다시 만날 수 없었다. 그날 슈바이처 부부를 유럽으로 싣고 갔던 '아프리카호'는 전쟁이 끝난 직후 비스카야 만에서 침몰하고 말았는데 바로 그 배에 신부가 타고 있었던 것이다.

카프 로페스에 도착했을 때 어떤 백인이 소리 없이 다가와 돈이 없거든 쓰라며 슈바이처에게 얼마간의 돈을 주었다. 언젠가 슈바이처가 그의 아내를 치료해 준 적이 있는 백인이었다.

배를 탄 뒤부터 슈바이처 부부는 백인 하사관에게 넘겨졌다. 그의 임무는 두 사람이 정해진 급사 이외에는 누구와도 접촉하지 못하도록 감시하고 정해진 시각에 그들을 갑판 위로 데리고 가는 것이었다. 글 쓰는 일은 일체 허락되지 않았기 때문에 슈바이처는 바흐의 푸가와 위도르의 파이프오르간 교향곡 제6번을 외우는 일로 시간을 보냈다.

가이야르라는 이름의 급사는 슈바이처 부부에게 아주 친절하게 대해 주었다. 항해가 끝날 무렵 그는 두 사람에게 포로로서는 특별 대우를 해 주었는데 그 이유가 무엇인 줄 아느냐고 물었다.

"당신들의 음식은 언제나 깨끗하게 차려 드렸지요. 그리고 당신들의 방은 다른 방처럼 그렇게 더럽지는 않았지요. 왜 잘해 드렸는지 아세요? 팁을 톡톡히 받으려고 그랬던 것은 아니랍니다. 누가 포로한테서 팁을 받을 것이라고 생각하겠어요. 왠지 아세요? 몇 달 전 이 배로 고셰라는 분이 귀국했는데, 그분의 방을 제가 돌봐 드렸지요. 그런데 그분 말씀이 몇 달 동안 당신 병원에 누워 있었다더군요. 그러면서 랑바레네의 의사가 곧 포로가 되어 유럽으로 송환될지 모르니 만일 그분이 이 배에 타게 되면 자기를 봐서라도 잘해 드리라는 것이었습니다. 이제는 제가 왜 당신들에게 잘해 드렸는지 아시겠지요."

보르도에 도착한 그들은 베르빌 가에 있는 '카제른 드 파사주'에 3주간 수용되었다. 그곳은 전쟁 중 포로가 된 외국인을 위한 수용소였다. 그곳에 수용되자마자 슈바이처는 이질에 걸리고 말았다. 다행히 짐 속에 넣어 가지고 온 약으로 치료를 할 수 있었지만 그는 그 때문에 그 뒤로도 오랫동안 고생하지 않으면 안 되었다.

그 후 두 사람은 피레네 산맥 가운데 자리 잡은 가레종 수용소로 옮겨졌다. 밤에 떠날 준비를 하라는 명령을 받았지만 바로 그날 밤이라고는 생각지 못했기 때문에 한밤중에 헌병 두 사람이 차를 타고 데리러 왔을 때는 짐을 전혀 꾸려 놓지 못한 상태였다. 그들은 슈바이처 부부가 명령에 복종하지 않았다고 생각하고는 화를 냈다. 희미한 촛불 아래서 짐을 빨리 꾸릴 수가 없었기 때문에 그들은 참다 못해 짐을 내버려둔 채 두 사람만 데리고 가려 했다.

그런 그들도 결국에는 두 사람의 처지를 동정하여 물건을 모아 트렁크에 넣는 일을 거들어 주기까지 했다. 그 후 슈바이처는 도저히 참을 수 없다고 생각되는 일을 당했을 때 이 두 헌병을 생각하고는 사람들에게 참을성 있게 대해 준 적이 여러 번 있었다.

가레종에 도착하여 당직 하사관에게 짐 조사를 받았다. 슈바이처는 『문화 철학』의 저술을 위해 아리스토텔레스의 불어판 『정치학』

을 휴대하고 다녔는데, 하사관이 이것을 발견하고는 호통을 쳤다.

"정말 놀랄 일이군. 정치 서적을 포로수용소 안에 끌고 들어오다니."

슈바이처는 그 책이 예수가 태어나기도 전에 씌어진 것이라고 조심스럽게 말했다.

하사관은 옆에 서 있던 병사를 쳐다보았다.

"이봐, 공부한 친구, 그게 사실인가?"

병사는 슈바이처의 말이 맞다고 대답했다.

"그래, 그때도 정치학을 했단 말이지?"

하사관이 되물었다.

슈바이처와 병사가 동시에 그렇다고 대답하자 하사관은 마침내 결정을 내렸다.

"그때의 정치학은 오늘날의 정치학과는 확실히 달랐을 거야. 이 책은 가져도 좋아."

'치유'라는 뜻의 가레종은 전에는 큰 수도원이었으며 수많은 병자들이 순례차 찾아오곤 하던 곳이었다. 교회와 국가가 분리된 후 이 수도원은 텅텅 비어 폐허가 되어 가고 있었는데, 전쟁이 발발하자 수백 명의 적국 포로들이 이곳에 수용되었다. 1년이 지나는 동안 이 건물은 수감자들 중에 섞여 있던 기술자들에 의해 상당히 복구가 되었다.

슈바이처가 가레종에 수용되어 있을 당시의 소장은 베키라고 하는 퇴역 식민지 관리였다. 그는 맡은 직책을 공정하게 수행했고 수감자들에게도 친절히 대해 주었다. 그의 전임자가 워낙 엄격하고 가혹했기 때문에 수감자들은 그의 친절을 감사하게 생각했다.

수용소에 도착한 지 이틀째 되던 날, 슈바이처가 추워서 벌벌 떨며 마당에 서 있으려니까 한 포로가 다가와 자신을 제분 기술자 보르케로라고 소개하면서 도와드릴 일이 없겠느냐고 물었다. 슈바이처가 그의 아내의 병을 고쳐 준 적이 있어 신세를 졌다는 것이었다. 슈바이처도 그 부인을 몰랐고 부인도 그를 몰랐지만 그것은 사실이었다.

전쟁 초기에 함부르크의 어떤 목재 상회 대리인으로 와 있던 리하르트 클라센이라는 사람이 랑바레네에서 다호메이 수용소로 이송되었을 때, 슈바이처는 그와 그가 수용소에서 만나게 될 다른 포로들을 위해 약품들을 듬뿍 내주면서 약병마다 자세한 사용법을 써 준 적이 있었다. 그 뒤 그가 다호메이에서 프랑스로 이송되었을 때, 한 수용소에서 보르케로 부부와 만났던 것이다. 마침 보르케로 부인은 입맛이 떨어지고 신경 쇠약에 걸려 있었는데, 클라센 씨가 기적적으로 짐 검사를 통과해서 가지고 간 약을 먹고 건강을 회복할 수 있었다.

그때의 일에 대한 대가로 슈바이처는 보르케로 씨로부터 창고에서 뜯어 낸 널빤지로 만든 탁자 하나를 선물받았다. 덕분에 그는 글을 쓸 수도 있고 파이프오르간을 칠 수도 있게 되었다. 이미 배를 타고 오면서부터 그는 어릴 때 그랬던 것처럼 탁자를 건반으로 하고 그 아래 마룻바닥을 페달로 삼아 파이프오르간 연습을 시작했던 것이다.

며칠 뒤 그와 같이 포로가 된 집시 악사들 가운데서 나이가 제일 많은 사람이 슈바이처를 보고 로맹 롤랑의 『오늘의 음악가들』에 나오는 알베르트 슈바이처 씨가 아니냐고 물었다. 슈바이처가 그렇다고 대답하자 그들은 앞으로 슈바이처를 자기들의 동료로 생각하겠다고 말했다. 그것은 곧 그들이 창고 안에서 음악을 연주할 때 슈바이처가 거기에 참석할 수 있고, 슈바이처 부부가 생일날 세레나데 연주를 들을 권리가 있다는 것을 뜻했다. 아닌 게 아니라 슈바이처 부인은 생일날 〈호프만의 이야기〉 속의 멋진 왈츠 연주와 함께 잠에서 깼다.

파리의 고급 카페에서 연주하던 이들 집시 악사들은 포로가 될 때 악기는 작업 도구로 가져도 좋다는 허가를 받았고, 따라서 수용소 안에서도 연주를 할 수가 있었다.

슈바이처가 그곳에 도착한 지 얼마 안 되어 해체되고 만 작은 수용소의 수감자들이 가레종으로 옮겨 왔다. 그들은 도착하자마자 음식이 형편없다고 불평을 늘어놓는가 하면 부러움의 대상이던 취사 당번 포로들이 맡은 바 직책을 제대로 수행해 내지 못한다고 비난하기 시작했다.

당시 취사 당번 포로들은 원래 직업 요리사로 파리의 일류 호텔과 레스토랑에서 일하다가 이곳에 수감된 사람들이었다.

이 소동이 소장에게 보고되자 소장은 반란자들에게 그들 중에

요리사였던 사람이 있느냐고 물었다. 그런데 그런 사람이 하나도 없다는 사실이 밝혀졌다. 소란의 주동자는 구두공이었고 나머지 사람들은 재단사, 모자 제조공, 바구니 제조공, 솔 제조공 등등이었다. 그러나 그들은 그전 수용소에서 요리를 했었기 때문에 음식을 많이 해도 적게 할 때와 똑같이 맛있게 조리할 수 있는 기술을 터득했다고 주장했다.

소장은 솔로몬의 지혜를 발휘하여 이들에게 시험적으로 2주 동안 취사장을 맡겨 보기로 결정을 내렸다. 그전 당번들보다 잘하면 계속 취사장을 맡길 것이나 그렇지 못한 경우에는 소요죄로 감금하겠다는 단서가 붙었음은 물론이다.

그런데 바로 그날 그들은 감자와 양배추만을 가지고 자신들의 주장이 거짓이 아니었음을 입증했다. 그리하여 요리사가 아닌 사람들이 요리사로 임명되고 직업 요리사들은 취사장에서 쫓겨났다.

"비결이 뭐요?"

슈바이처가 묻자 구두공은 웃으며 대답했다.

"많이 아는 것도 중요하지만 가장 중요한 것은 정성껏 요리하는 것이지요."

그 뒤부터 슈바이처는 어떤 사람이 전혀 지식이 없는 부문의 장관이 되었다 해도 그전처럼 흥분하지 않고 가레종의 구두공이 좋은 요리사 노릇을 해냈듯이 그도 그 부문에 유능한 인물이 되기를 기대하며 지켜보게 되었다.

그렇게 여러 가지 직업에 종사하는 다양한 부류의 사람들이 수용되어 있었음에도 불구하고 가레종에서 의사는 슈바이처 한 사람뿐이었다.

처음에 소장은 슈바이처에게 이 지방의 늙은 의사가 수용소의 의사 노릇을 겸하고 있으니 환자들과는 일체 접촉하지 말라는 엄명을 내렸다. 그러나 나중에는 포로가 된 치과 의사들과 마찬가지로 슈바이처도 수용소를 위해 일하는 것이 당연하다고 생각하게 되었다.

소장은 슈바이처에게 의료 활동을 할 방까지 내주었다. 그의 짐이라야 대부분 의약품과 의료 기구였는데, 검열 때 상사가 이를 통과시켜 주었기 때문에 슈바이처는 환자의 치료를 위해 필요한 것은 거의 다 갖추고 있는 셈이었다.

그리하여 그는 다시 의사가 되었다. 그곳에서 그는 특히 식민지에서 이송되어 온 사람들과 열대병에 걸린 선원들에게 많은 도움을 줄 수 있었다. 여가 시간에는 『문화 철학』 저술에 몰두하거나 탁자와 마룻바닥을 이용하여 파이프오르간 연습을 했다.

슈바이처는 가레종의 의사로서 수용소 내의 여러 가지 참상을 목격할 수 있었다. 그중에서도 가장 비참한 사람들은 포로가 된 데 대해 정신적 고통을 느끼는 이들이었다.

그들은 마당으로 내려가는 것이 허용된 순간부터 땅거미가 내려 다시 감방으로 들어가라는 나팔 신호가 들릴 때까지 담 너머로 하얗게 빛나는 아름다운 피레네 산맥을 바라보며 마당을 빙빙 돌았다. 그들은 이미 무엇을 해 보겠다는 의욕을 상실한 사람들이었다.

비가 오는 날은 멍청하니 복도에서 서성거렸다. 이곳 식사는 포로수용소치고는 나쁜 편이 아니었지만 그들은 시간이 지남에 따라 차차 단조로운 음식에 싫증이 나서 대개가 영양실조 상태에 있었다. 또한 대부분의 방에 난방 장치가 없어 추위로 고생하는 사람들이 많았다.

이렇게 정신적으로나 육체적으로 허약해진 사람들은 조금만 아파도 중태에 빠지는데 그렇게 되면 제대로 치료를 할 수가 없었다. 그들이 의기소침해진 것은 대개의 경우 외국에서 이룩해 놓은 지위를 잃어버린 데 대한 슬픔 때문이었다.

언젠가 가레종의 문이 열린다 해도 그들은 어디로 가서 무엇을 다시 시작해야 할지 몰랐다. 그들 가운데 상당수가 프랑스 여자들과 결혼하여 프랑스어밖에 못하는 자녀들을 두고 있었다. 처자에게 그들의 고국을 떠나자고 강요해야 할 것인가, 아니면 전쟁이 끝난 후 낯선 이국 땅에서 또다시 수모를 받아 가며 직장을 구해야 할 것인가?

얼굴이 창백하고 추위에 떠는, 대부분 프랑스 말을 하는 수용소 어린이들은 마당이나 복도에서 매일같이 전쟁놀이를 했다. 한쪽은 연합국 편이었고 다른 한쪽은 독일과 오스트리아 편이었다.

수용소는 하나의 인종 전시장이었다. 또한 거기에는 학자, 예술가, 구두공, 재단사, 은행장, 호텔 지배인, 급사, 건축가, 수공업자, 상인, 선교사, 선원 등 온갖 직업을 가진 사람들이 모여 있었다.

그래서 육체적으로 쇠약하거나 정신적인 공허감으로 삶의 의욕을 잃은 사람이 아니라면 수용소 생활을 통해 여러 가지 흥미 있는 일을 경험할 수도 있었다. 또한 무엇이든 알고 싶으면 그 방면의 전문가에게 물어볼 수 있기 때문에 교양을 위해 따로 책을 읽을 필요가 없었다. 슈바이처는 배울 수 있는 이 기회를 충분히 이용했다. 덕분에 그는 은행업, 건축, 제분업, 곡식 재배, 난로 제작 등 이런 기회가 아니었더라면 도저히 알 수 없었을 여러 가지 전문 지식을 얻을 수 있었다.

수용소 생활에서 기술자들이 제일 괴로워하는 것은 할 일이 없다는 것이었다. 그래서 슈바이처 부인이 겨울옷을 지을 옷감을 구했을 때 많은 재단사들이 다시 한 번 손에 옷감을 쥐고 손가락 사이에 바늘과 실을 들어 보고 싶은 마음에서 무료로 지어 주겠다고 자청하고 나섰을 정도였다. 인근 농부들의 농사일을 도와주겠다고 나선 사람들 중에는 육체 노동이라고는 전혀 해 본 적이 없는 사람들도 끼어 있었다.

가장 일을 하고 싶어 하지 않는 사람은 역시 선원들이었다. 그들은 갑판 생활을 오래 했기 때문에 힘들이지 않고 무료한 시간을 빈둥거리며 보낼 수 있는 방법을 터득하고 있었다.

1918년 초, 벨기에 민간인에 대한 독일의 조처가 정해진 날짜까지 철회되지 않는다면 수용소 명사들 가운데서 이름자의 알파벳별로 몇 명씩 뽑아 내어 북아프리카에 있는 보복 수용소에 보내겠다는 통고가 왔다. 보복 대상 명사로는 은행장, 호텔 지배인, 사업가, 학자, 예술가 등이 뽑혔다.

그런데 이 일로 인해 수용소의 명사들 가운데 진짜 명사가 아닌 사람이 상당수 있었다는 사실이 밝혀졌다. 처음 이곳에 이송되어 왔을 때 좀 으스대고 싶은 생각에서 급사장이 호텔 지배인 행세를 하고 상점 점원이 사업가 노릇을 한 사례가 있었던 것이다.

그들은 만나는 사람마다 붙잡고 쓸데없이 으스대다가 망했다고 한탄을 늘어놓았다. 그러나 다행히 모든 일이 잘 해결되었다. 벨기에 사람들에 대한 독일의 조처가 철회되어 가레종의 명사들도 진짜든 가짜든 보복 수용소행을 두려워할 필요가 없어진 것이다.

길고 힘들었던 겨울이 지나 봄이 되자 슈바이처 부부는 알자스 사람들만 수용하는 생 레미 수용소로 옮기라는 명령을 받았다. 소장은 수용소를 위한 의사가 필요했고 그들도 낯익은 가레종에 계속 머물러 있고 싶어서 명령을 취소해 달라고 탄원해 보았으나 소용이 없었다.

3월 말, 두 사람은 생 레미로 옮겼다.

그곳은 가레종만큼 세계적인 곳은 못 되었다. 그곳에 수용되어 있는 사람들은 주로 교사, 산림관, 철도 관리 들이었다.

그곳에서 슈바이처는 아는 사람들을 많이 만났는데 그중에는 그의 제자였던 리프리히라는 젊은 목사도 있었다. 리프리히 목사는 수용소 측의 허가를 얻어 수감자들을 위해 주일 예배를 봐 주고 있었다. 슈바이처는 그의 부목사로서 여러 번 설교를 했다.

바그노라는 이름의 수용소장은 마르세유 출신의 퇴직 경찰서장으로 상당히 관대한 사람이었다. 성격이 쾌활하여 수감자가 이런저런 일을 해도 좋겠느냐고 물으면 "아무것도 허가할 수는 없어! 그러나 어리석은 짓만 하지 않는다면 참아 줄 수는 있지!"라고 대답하곤 했다.

수감자들이 낮 동안 쉴 수 있는 아래층 큰 방에 처음 들어섰을 때 슈바이처는 그 휑뎅그렁하고 흉한 모습이 어딘지 모르게 낯익다고 생각했다.

'도대체 어디서 이 쇠난로와 방 전체를 가로지르는 긴 연통을 보았을까?'

마침내 그는 반 고흐의 그림에서 그것들을 보았다는 것을 기억해 냈다.

높은 담으로 둘러싸인 정원 가운데 자리 잡고 있는 이 수도원 건물에는 얼마 전까지만 해도 신경병 환자와 정신병 환자들이 수용되어 있었다. 당시 환자들 가운데 반 고흐도 끼어 있었는데, 그는 연필로 지금 슈바이처가 앉아 있는 이 황량한 방을 영원한 것으로 만들었던 것이다.

　'남프랑스의 차가운 바람이 불어올 때면 그도 우리처럼 이 돌바닥 위에서 꽁꽁 얼었을 테지. 정원의 높다란 담 사이를 그도 우리처럼 원을 그리며 빙빙 돌았을 테지.'

　슈바이처는 반 고흐를 생각하며 새삼 감개무량하게 그 썰렁한 방을 둘러보았다.

　수감자들 가운데 의사가 한 명 있었기 때문에 처음에는 그가 환자를 돌보지 않아도 되었다. 덕분에 하루 종일 책상에 붙어 앉아 『문화 철학』의 초고를 작성할 수 있었다. 하지만 그 동료가 뒷날 교환 포로로 고향으로 돌아가게 되자 그때부터 그가 대신 수용소 일을 맡았다. 그러나 가레종에 비한다면 그곳의 일은 많은 편이 아니었다.

　가레종의 고지대 공기로 건강을 많이 회복한 슈바이처 부인에게는 그곳 프로방스의 거친 바람이 좋지 않았다. 슈바이처 역시 건강이 좋지 않았다. 보르도에서 이질을 앓고 난 뒤로 그는 점점 체력이 약해지는 걸 느낄 수 있었다. 그래서 정해진 날짜에 한해 병사들의 감시 아래 허락되던 수감자들의 산보에도 참가할 수 없었다. 수감자들이 될 수 있는 대로 운동을 많이 하고 주어진 시간 내에 가능한 한 멀리 가 보고 싶어 했기 때문에 이 산보는 언제나 속보였다. 이런 날은 소장이 직접 그들 두 사람과 몇몇 병약자들을 데리고 산책을 나갔는데, 그들은 그것을 정말 고맙게 생각했다.

7월 중순경, 수감자들은 거의 대부분 교환 포로로 며칠 내에 스위스를 거쳐 고향으로 돌아갈 수 있다는 통고를 받았다. 슈바이처는 여간 기쁘지 않았다. 그 무렵 슈바이처 부인은 포로 생활에 지친 데다 향수로 몹시 괴로워하고 있었다. 그러나 소장에게 전달된 석방자 명단에는 그의 이름이 빠져 있었다. 그는 아내가 그 사실을 모르고 있는 것을 다행으로 생각했다.

7월 12일, 수감자들은 한밤중에 기상하지 않으면 안 되었다. 즉시 출발 준비를 하라는 명령이 전보로 도착했던 것이다. 이번에는 슈바이처도 명단에 올라 있었다.

해가 뜨자 사람들은 검열을 받기 위해 트렁크를 마당으로 끌고 나갔다. 가레종과 그곳에서 작성한 『문화 철학』 초안은 이전에 이미 수용소 검열관에게 제출한 바 있었기 때문에 일정한 페이지에 도장을 받은 다음 휴대해도 좋다는 허가를 받았다.

포로들의 대열이 수용소 문 밖으로 나가기 시작했을 때 슈바이처는 소장을 만나 보기 위해 되돌아갔다.

소장은 슬픈 얼굴을 하고 사무실에 앉아 있었다. 포로들과 이별하는 것이 가슴 아팠던 것이다. 그와 슈바이처 사이에는 그 뒤 오래도록 편지 왕래가 이어졌다. 그는 편지에서 슈바이처를 '친애하는 나의 하숙인'이라 부르곤 했다.

타라스콩 역에서는 기차가 도착할 때까지 철로에서 멀리 떨어져 있는 헛간에 가 있지 않으면 안 되었다. 슈바이처는 짐을 잔뜩 메고 아내와 함께 선로 사이의 자갈길을 겨우겨우 걸어갔다.

그때 슈바이처가 수용소에서 치료해 준 적이 있는 가련한 불구자 한 사람이 짐을 들어 주겠다고 나섰다. 그는 아무것도 가진 것이 없었기 때문에 빈손이었다. 슈바이처는 감동해서 그의 도움을 받아들였다.

타는 듯한 햇볕 속을 나란히 걸어가면서, 그는 이 사람을 생각해서라도 앞으로는 어느 정거장에서나 무거운 짐을 든 사람을 찾아가 도와주겠다고 마음속으로 굳게 맹세했다. 그리고 그는 평생 이 맹세를 지켰다.

타라스콩과 리옹 사이의 한 정거장에 도착했을 때 어떤 위원회가 그들을 따뜻하게 맞으며 음식을 잔뜩 차려 놓은 식탁으로 안내했다. 그런데 그들이 음식을 맛있게 먹고 있는 동안 대접하던 사람들은 눈에 띄게 당황한 빛을 보이며 뭔가 잠깐 의논하더니 어디론가 사라져 버렸다. 자기들이 환영하고 음식 대접을 하려고 했던 손

님들이 아니라는 것을 뒤늦게야 알았던 것이다.

위원회에서 기다린 사람들은 북프랑스의 독일 점령 지구에 살다가 독일인에 의해 억류된 프랑스인들이었다. 역에서 '억류자 열차'가 도착했다고 알리자 위원회에서는 바로 그들이 도착한 줄 알았는데, 식사를 하는 사람들이 프랑스 말이 아니라 알자스 말을 하는 것을 듣고 비로소 일이 잘못되었다는 것을 깨달았던 것이다.

일이 하도 우습게 되고 보니 그들도 나중에는 웃음을 터뜨렸다. 그러나 가장 재미있었던 것은 모든 일이 눈 깜짝할 사이에 일어난 데다 모두들 먹는 데만 정신이 팔려 있었기 때문에 생 레미에서 온 사람들 대부분은 사태를 파악하지 못하고 그저 자기들을 위해 마련한 음식을 잘 먹어 주었다고만 굳게 믿고 그곳을 떠났다는 것이다.

도중에 여러 정거장에서 다른 수용소로부터 온 객차들이 하나둘씩 연결되는 바람에 기차는 갈수록 길어졌다. 그중 두 객차는 교환된 바구니 수선공, 냄비 수선공, 가위 가는 사람, 부랑배, 집시 들로 꽉 차 있었다.

그들과 교환될 사람들을 태운 기차가 스위스 국경에 도착했다는 전보가 올 때까지 슈바이처 일행을 태운 기차는 스위스 국경에 붙잡혀 있어야만 했다.

7월 15일 새벽, 그들은 마침내 취리히에 도착했다.

놀랍게도 슈바이처를 밖으로 불러내는 사람들이 있어 나가 보니 신학 교수 아놀트 마이어, 가수 로베르트 카우프만을 비롯한 몇몇 친구들이 그를 환영하기 위해 나와 있었다. 그들은 몇 주 전부터 그가 오리라는 것을 알고 있었다고 했다.

콘스탄츠로 가는 도중 슈바이처 부부는 계속 창가에 서서 스위스의 잘 손질된 들과 깨끗한 집들을 내다보았다. 아무리 보아도 지루하지 않았고, 전쟁을 모르는 나라에 와 있다는 사실이 믿어지지 않았다.

콘스탄츠에서 슈바이처 부인은 그곳까지 마중 나온 친정어머니와 함께 곧장 스트라스부르로 가도 좋다는 허가를 받았다. 슈바이처는 다른 교환 포로들과 함께 하루 더 머물면서 수속이 끝날 때까지 기다려야 했다.

그는 밤중에 스트라스부르에 도착했다. 거리에는 불빛 하나 보이지 않았다. 집들도 캄캄했다. 공습 때문에 전 시가가 완전 소등을 해야 했던 것이다. 그 시간에 처가가 있는 먼 교외까지 갈 수가 없어서 그는 성 토마스 교회 부근에 있는 피셔 부인의 집을 찾아가 하룻밤을 묵었다.

아버지가 계시는 귄스바흐는 군사 작전 지역 안에 있었다. 슈바이처는 여러 번의 청원 끝에 간신히 아버지를 방문해도 좋다는 허가를 얻었다. 기차는 콜마르까지밖에 가지 않았다. 거기서 보주까지 15킬로미터는 걸어서 가야 했다.

그곳은 슈바이처가 1913년 예수 수난절에 아프리카로 떠나려고 작별 인사를 할 때만 해도 평화스런 골짜기였다. 그러나 지금은 산 위에서 대포 소리가 간간이 들려오고, 사람들은 짚으로 씌운 철책 사이를 마치 높은 담장 사이를 오가듯 왕래하고 있었다.

어디서나 벽돌로 쌓은 기관총 진지와 포탄에 맞아 폐허가 된 집들을 볼 수 있었다. 울창했던 산들은 벌거숭이가 되었다. 마을에는 모든 사람이 항상 가스 마스크를 휴대하고 다녀야 한다는 명령 문구가 나붙어 있었다.

귄스바흐는 사람이 살고 있는 곳으로는 전선 참호에서 가장 가까운 곳이었다. 그런데도 그곳이 보주 산의 능선에 자리 잡고 있는 포대에 의해 파괴되지 않은 것은 주위가 산으로 가려져 있기 때문이었다. 수많은 병사들 속에서도 주민들은 마치 전쟁이 일어나지 않은 것처럼 파괴된 집들 사이를 오가며 자기 할 일을 하고 있었다.

슈바이처의 아버지 역시 모든 위험에 무관심해져서 포격이 시작되어도 지하실로 내려가지 않고 서재에 머물러 있었다. 아버지는 목사관을 병사들과 나누어 쓰지 않았던 시절이 있었다는 사실을 까마득히 잊어버린 것 같았다.

전쟁에 무관심해진 사람들은 수확에 대해서는 걱정이 많았다. 심한 가뭄이 계속되고 있었다. 곡식은 말라 버리고 감자도 못쓰게 되었다. 마구간에서는 굶주린 가축들의 울부짖는 소리가 들려왔

다. 지평선 너머로 먹구름이 일어도 비는 오지 않고 뜨거운 바람만 불어와 대지에 남은 마지막 습기를 앗아 갔다.

슈바이처는 고향에만 가면 생 레미 시절이 끝날 무렵부터 오르락내리락하던 열과 피로감을 씻어 버릴 수 있을 것이라고 생각했다. 그러나 반대로 증세는 악화되기만 했다. 8월 말경에 고열과 심한 고통을 겪고 나서야 그는 그것이 보르도에서 치료한 적이 있는 이질의 후유증이라는 사실을 깨닫고 조속히 수술을 받아야겠다는 생각을 하기에 이르렀다.

9월 1일, 슈바이처는 스트라스부르에서 수술을 받았다.

몸이 어느 정도 회복되었을 때 스트라스부르 시장으로부터 시립 병원의 의사 자리를 맡아 달라는 제의가 들어왔다. 어떻게 살아가야 할지 막막하던 참이라 그는 이 제의를 기쁘게 받아들였다.

슈바이처는 피부과의 부인 병실 두 개를 맡았다. 동시에 성 니콜라이 교회의 부목사 일을 맡아보게 되었다. 그는 부목사였기 때문에 자격이 없었는데도 교회는 그에게 니콜라우스 제방 옆에 있는 목사관을 사용하도록 해 주었다.

1918년 11월 11일, 휴전 협정이 체결되자 알자스는 독일령에서 프랑스령으로 바뀌었다. 이때부터 슈바이처도 프랑스 국적을 갖게 되었다.

휴전 기간과 그다음 2년 동안 슈바이처는 라인 강 다리에 있는 세관 관리들에게 잘 알려진 사람이 되었다. 독일의 굶주린 친구들에게 다소나마 도움을 주기 위해 식량이 가득 든 배낭을 메고 자주 케엘로 가곤 했기 때문이었다. 그는 특히 리하르트 바그너의 부인인 코지마 바그너, 노화가 한스 토마와 그의 누이를 도와주고 싶어했다.

두 가지 직책에 쫓겨 별로 여가가 없었지만 슈바이처는 틈이 나는 대로 바흐의 〈합창 전주곡〉에 몰두했다. 미국판 바흐의 마지막 세 권을 위해 랑바레네에서 작성한 원고가 도착하는 대로 인쇄에 넘길 수 있게끔 미리 준비해 두기 위해서였다. 그러나 원고는 도착하지 않았고 또 미국 출판업자가 당장 출판할 뜻을 보이지 않았기 때문에 그는 이 일을 그만두고 다시 『문화 철학』의 집필을 계속했다.

그러던 중 1919년, 성탄절을 며칠 앞두고 나탄 죄더블롬 대주교로부터 다음해 부활절 후에 올라우스 페트리 재단을 위해 웁살라 대학에서 강의를 해 달라는 초청을 받았다. 이것은 전혀 뜻밖이었다.

전후 기간을 쭉 스트라스부르에 틀어박혀 살면서 그는 자신의 처지가 장롱 밑으로 굴러 들어가 잊혀지고 만 동전 같다고 느껴 왔었다. 1919년에 오르페오 카탈라의 친구들 앞에서 파이프오르간 연주를 들려주기 위해 있는 돈을 다 긁어모아 바르셀로나를 다녀온 것 외에 전쟁이 끝난 뒤 외부 세계와 접촉을 가진 적이 한 번도 없었다.

취리히와 베른 대학 신학부에서 보여 준 호의가 없었다면 그는 자신이 학계에서 완전히 잊혀졌다고 생각했을 것이다.

슈바이처는 그동안 『문화 철학』을 통해 생각해 온 문제들을 웁살라 대학에서의 강의 주제로 선택했다. 그곳에서 그는 처음으로 자신이 5년 동안 품고 다녔던 생각에 대해 다소나마 공감을 얻을 수 있었다.

그런데 강의를 시작할 무렵이 되어도 아프리카에 남겨 두고 온 『문화 철학』 원고가 그의 손에 들어오지 않았다. 그래서 그는 처음부터 다시 쓰지 않으면 안 되었다. 처음에는 정말 운이 따르지 않는다는 생각을 할 수밖에 없었다. 그러나 뒷날 두 번째 작업이 일에 도움이 되었다는 것을 알고 그는 자신의 운명과 화해했다. 아프리카의 원고는 그가 웁살라에서 돌아온 뒤인 1920년 여름에야 도착했다.

1919년 여름, 두 번째 수술을 받아야 했던 슈바이처는 지치고 의기소침하고 병약한 사람으로 스웨덴에 왔었다. 그러나 웁살라의 맑은 공기와 그들 부부가 손님으로 머물렀던 대주교 댁의 훌륭한 분위기 속에서 그는 몸이 나아 다시 일에 재미를 붙이게 되었다.

전쟁 중 병원을 계속 운영하기 위해 그는 파리 선교회와 파리의 몇몇 친지들에게 빚을 졌었는데 그 때문에 늘 마음이 편치 않았다. 산책을 하면서 이런 이야기를 털어놓자 대주교는 스웨덴에서 파이프오르간 연주회와 강연회를 열어 보라면서 여러 도시에 추천장을 써 주었다. 당시 이 나라는 전쟁으로 많은 돈을 벌어 경기가 아주 좋았다.

슈바이처는 대주교의 호의를 기쁘게 받아들였다.

신학과 학생 엘리아스가 길동무를 자청하고 나섰다. 그는 연단이나 설교단 위에 슈바이처와 나란히 서서 원시림의 병원에 대한 슈바이처의 이야기를 한 문장 한 문장 너무도 정확하게 통역해 주었기 때문에 사람들은 번역된 강연을 듣고 있다는 사실마저 잊어버릴 정도였다. 랑바레네에서 통역의 입을 통해 말하는 기술을 익혀 놓았던 것이 이때 큰 도움이 되었다.

크지는 않지만 놀라운 소리가 나는 스웨덴의 옛 파이프오르간들은 슈바이처를 몹시 기쁘게 해 주었다. 그의 바흐 연주 방법에는 그야말로 안성맞춤이었다.

몇 주일 사이에 그는 연주회와 강연회를 통해 마음을 짓누르던 빚을 갚을 수 있을 만한 돈을 모았다.

7월 중순, 자신에게 그토록 많은 호의를 베풀어 준 스웨덴을 떠나면서, 슈바이처는 랑바레네의 사업을 다시 시작하기로 결심을 굳혔다. 그전까지는 감히 그런 생각조차 하지 못하고 다시 대학 교직으로 돌아갈까 고려하고 있었다. 스웨덴으로 떠나기 전 몇 가지 암시를 받고 스위스에 희망을 걸고 있었던 것이다.

1920년에 취리히 대학 신학부는 그에게 명예박사 학위를 수여했다.

집으로 돌아오자마자 슈바이처는 『물과 원시림 사이에서』라는 제목으로 아프리카 회고록을 쓰기 시작했다. 웁살라의 한 출판사로부터 요청이 있었던 것이다.

그는 이 책에 원시림에서 보낸 4년 반 동안의 모든 경험을 담았다. 그리고 학문과 예술로부터 자신을 원시림으로 몰아친 결정이 옳았다는 것을 확신하게 된 그동안의 과정들을 소상히 밝혔다.

인간은 고통이라는 이름을 가진 주인의 폭력에 예속되어 있는 존재이다. 슈바이처는 자신의 책에서 수백만의 사람들이 구제될 희망도 없이 병고에 시달리고 있는 아프리카의 비참한 현실을 낱낱이 보고했다.

"날마다 수천 명의 사람들이 의술만 있으면 제거할 수 있는 무서운 고통에 괴로워하고 있다. 날마다 많은, 참으로 많은 오두막 속에서 우리들이라면 쉽게 쫓아 버릴 수 있는 절망이 그들을 지배하고 있다."

그는 그런 고통과 절망으로부터 그들을 구제할 능력을 가지고 있는 의사들이 아프리카의 참상을 외면하지 말 것을 호소했다.

"한 사람의 의사를 이곳으로, 다른 한 사람을 저곳으로 보낸다고 해서 세계의 참상이 어떻게 되겠는가, 라고 말해서는 안 된다. 나

자신과 모든 식민지 의사들의 경험에서 나는 대답한다. 그곳에서는 아주 적은 자금밖에 없는 단 한 사람의 의사도 많은 사람에게 큰 의미가 있다. ……그러한 의사들에게 나는 나의 경험으로 말할 수 있다. 그들은 그들이 행할 수 있는 선행 속에서 그들이 포기한 것에 대한 풍성한 보수를 찾아낼 수 있을 것이다."

수많은 사람들이 그의 책을 읽고, 그가 아프리카에서 벌인 숭고한 활동에 주목했다. 이때부터 사람들은 그를 '밀림의 성자', '인류의 양심'이라고 부르기 시작했다.

슈바이처는 사람들이 보여 준 뜨거운 관심과 호응에서 인류에게 남아 있는 희망을 보았다. 그리고 그런 희망 속에서 아프리카로 돌아가겠다는 그의 결심은 차분히 무르익어 갔다. 흔들리지 않는 신념과 타오르는 사랑 속에서 랑바레네의 등불이 다시 켜질 날이 조용히 다가오고 있었다.

4장

랑바레네의 등불

생명에의 외경

1921년 4월, 슈바이처는 스트라스부르에서의 두 직책을 내놓았다. 앞으로의 생계는 파이프오르간과 문필에만 의존할 생각이었다.

조용한 가운데 『문화 철학』에 몰두하기 위해 그는 부인과 1919년 1월 14일, 자신의 생일에 태어난 딸을 데리고 아버지가 살고 계신 귄스바흐의 정든 목사관으로 이사했다. 도서관을 이용하느라 가끔 스트라스부르에 갈 때를 위해서 크노프로호 가에 있는 오래된 집의 다락방을 임시 거처로 정해 두었다.

전쟁이 끝난 직후부터 시작했던 그의 작업은 그동안 상당히 진척되어 있었다. 처음 그의 머릿속에 심어졌던 '아류'라는 씨앗은 '생명에의 외경'이라는 새로운 사상의 열매로 맺어졌다.

1915년 여름이 시작될 무렵, 그는 마취 상태에서 깨어나듯 갑자기 머릿속이 밝아지는 기분을 느꼈다.

어째서 문화에 대한 비판만 할 것인가?

어째서 우리를 아류라고 분석하는 것에 만족할 것인가?

어째서 우리의 문화를 다시 세우려는 작업은 하려 들지 않는가?

그때부터 그는 인류의 문화를 다시 세울 수 있는 새로운 사상에 대해 탐구하기 시작했고, '우리 아류들'은 그런 탐구의 내용을 담은 『문화 철학』으로 확대되었다.

인류 문화가 위기를 맞은 것은 무엇 때문일까?

그것은 사람들의 세계관이 위기를 맞았기 때문이다.

세계관이란 무엇인가?

세계와 인간에 대해 사람들이 가지고 있는 생각이다.

슈바이처는 사람들 사이에 이상주의적 세계관이 사라져 버렸기 때문에 참된 문화의 이상도 그 힘을 잃어버린 것이라고 생각했다.

참된 문화란 개인과 사회의 윤리적 완성을 최고의 목표로 삼는 문화이다. 지식과 물질이 아무리 발전해도 윤리가 없다면 참된 문화가 될 수 없다. 윤리적 목표를 향해 나아갈 때만 인간은 지적·물질적 발전의 혜택을 충분히 누릴 수 있고, 그에 따르는 위험을 극복할 수 있다.

그런데 사람들은 그동안 인류가 이룩한 지적·물질적 발전이 곧 문화의 발전이라고 생각하고 윤리적 이상 따위는 아무래도 좋다는 생각을 가지게 되었다. 그 결과 인류는 무서운 위험에 빠지게 되었고, 결국 제1차 세계 대전이라는 인류 최대의 재앙을 맞이하기에 이르렀다.

발전이라는 이름으로 사람들은 당장 눈앞에 보이는 이익만을 추구했고 힘센 나라는 약한 나라를 닥치는 대로 침범하고 약탈했다. 모두가 윤리를 잃어버린 결과였다. 그런 혼란에서 벗어나기 위해서는 인류가 지금이라도 이상주의적 세계관을 회복하고 참된 문화를 건설하는 길밖에 없었다.

그렇다면 참된 문화를 재건할 수 있는 이상적인 세계관이란 무엇일까?

그것은 '윤리적 세계 긍정'과 '인생 긍정'이다.

세계와 인간에 대해서 단지 긍정적인 생각을 가지는 것만으로는 완전한 문화를 창조할 수 없다. 그것은 어디까지나 윤리적이어야 한다. 지난 세대의 사람들은 윤리적인 세계 긍정과 인생 긍정의 세계관을 가지고 있었다. 그러나 현대인은 그것을 잃어버렸다.

이유는 무엇일까?

그것은 사람들이 올바르게 사고하는 능력을 잃어버렸기 때문이다.

올바르게 사고한다는 것은 무엇이 가치 있는 발전이고 무엇이 가치 없는 발전인지를 구별할 줄 아는 통찰력을 갖는다는 것이다.

그렇다면 사람들을 올바른 사고로 이끌어 줄 수 있는 새로운 사상은 무엇일까? 무엇이 올바른 사고의 기준이 될 수 있을까?

……1915년 여름 동안 슈바이처의 생각은 여기까지 도달했다.

그러나 앞으로는 어떻게 전개될 것인가?

그는 자신의 처지가 바다로 타고 나갈 수 없는 썩어 빠진 배 대신 새로운 배를 한 척 만들기는 해야겠는데 어떻게 시작해야 될지 모르는 사람과 같다고 생각했다.

몇 달 동안이나 그는 끊임없는 흥분 속에서 살았다. 날마다 병원에서 일하는 동안에도 머릿속으로는 쉬지 않고 그 문제에 생각을 집중해 보았지만 아무런 해답도 얻을 수가 없었다.

그는 자신이 그때껏 도달했다고 믿었던 철학의 중심 지대가 실제로는 전혀 탐험되지 않은 땅임을 인정하지 않을 수 없었다. 사방에서 그 안으로 들어가려고 시도해 보았지만 언제나 문 앞에서 포기할 수밖에 없었다. 필요한 사상을 눈앞에 빤히 보면서도 그것을 집어내어 말로 표현할 수가 없었다. 그는 지칠 대로 지쳐 용기를 잃어 가고 있었다.

그런 상태에서 슈바이처는 강을 따라 긴 여행을 하게 되었다. 선교사 부인 펠로 여사의 병을 치료하기 위해 200킬로미터 상류 지점에 있는 은고모 마을을 방문해야 했던 것이다.

9월의 어느 날 그는 작은 기선을 타고 출발했다. 그를 제외한 나머지 승객은 모두 흑인이었다. 너무 서두르다가 식량 준비를 충분히 하지 못했기 때문에 여행하는 동안 그는 그들의 가마솥 신세를 져야 했다.

배는 모래 언덕 사이를 헤치며 느릿느릿 강을 거슬러 올라갔다.

슈바이처는 갑판에 멍하니 앉아 있었다. 머릿속으로는 그때까지의 어떤 철학에서도 발견하지 못한 새로운 윤리 사상을 찾아내기 위해 끝없이 생각을 되풀이하고 있었다.

강 양쪽으로는 원시림의 울창한 숲이 이어지고 있었다.

'저 숲 속에서는 지금도 사나운 짐승들이 서로 찢고 잡아먹는 싸움을 벌이고 있겠지. 지금 유럽에서 전쟁을 벌이고 있는 사람들도 저 사나운 짐승들과 바를 바가 없지 않은가. 어떻게 하면 사람과 사람이 서로 죽이지 않고 평화롭게 어울려 살 수 있을까.'

두서없이 떠오르는 생각들에 좀 더 정신을 집중하기 위해 슈바이처는 서로 관련이 없는 문장들을 생각나는 대로 한 장 한 장 수첩에 써 내려가기 시작했다.

사흘째 되던 날 저녁, 해 질 무렵이었다.

배는 물 속에서 놀고 있는 한 무리의 하마 떼를 헤치며 느릿느릿 나아가고 있었다. 하마들의 평화로운 모습을 바라보고 있는 동안 어떤 생각이 그의 뇌리를 스치고 지나갔다.

'모든 생명을 사랑해야 한다. 이 세상에 생명보다 귀한 것은 없

다. 천하를 얻고도 제 목숨을 잃
으면 무슨 유익이 있으리요, 라고 예
수께서도 말씀하시지 않았던가.'

바로 그 순간 '생명에의 외경'이
라는 말이 머릿속에 떠올랐다. 그
것은 그때까지 그가 예감해 본 적
도 없고 구해 본 적도 없는 말이었다.

마침내 철문이 열렸다! 밀림의 길이 보
이기 시작했다.

슈바이처는 가슴이 뛰는 것을 느꼈다. 그는 생명에

의 외경이야말로 윤리적 세계 긍정과 인생 긍정을 가능하게 하는 새로운 세계관임을 확신했다.

생명에의 외경.

이것은 무엇이며 어떻게 해서 우리 마음속에 일어나는 것일까?

슈바이처는 새로운 용기에 차서 이 주제에 관한 생각을 전개해 나가기 시작했다.

……인간이 자기 자신에 대해서, 그리고 세계와 자신의 관계에 대해서 분명히 알고 싶다면 자신의 머릿속에 들어 있는 온갖 지식과 생각들을 보지 말고 언제나 자신의 마음속에 들어 있는 가장 근본적이고 직접적인 사실을 생각하지 않으면 안 된다. 이 사실에서 출발할 때만 인간은 참되고 올바른 세계관에 도달할 수 있다.

데카르트는 "나는 생각한다. 고로 나는 존재한다"라고 말했다. 그러나 그와 같이 추상적이고 내용 없는 명제로부터 사고를 시작해서는 자기 자신이 누구인지, 그리고 자신이 세계와 어떤 관계를 맺고 있는지 전혀 알 수 없다.

그렇다면 인간의 마음속에 들어 있는 가장 근본적이고 직접적인 생각은 무엇일까?

그것은 '나는 살려고 하는 생명에 둘러싸인, 살려고 하는 생명이다'라는 것이다. 이것이야말로 사람들이 날마다 느끼며 살아가는 가장 분명하고 직접적인 사실이다. 생명에의 외경은 사람들이 그와 같은 사실을 사고의 출발점으로 삼을 때 비로소 인간의 마음속에 생겨나는 감정이다.

"우리들의 생명 의지 속에는 생명의 존속과, 이른바 쾌락이라고 하는 생명 의지의 신비스런 상승에 대한 동경이 있는가 하면, 파멸과, 이른바 고통이라고 하는 생명 의지의 신비스런 하강에 대한 불안이 있다. 그와 마찬가지로 이런 동경과 불안은 우리를 둘러싸고 있는 다른 생명 의지 속에도 깃들어 있다."

그러므로 사고하는 인간은 다른 생명을 대할 때도 자신의 생명을 대할 때와 똑같은 생명에의 외경, 즉 생명을 존중하고 그 파괴를 두려워하는 마음을 갖지 않으려야 않을 수가 없다. 그는 자신의 생명 속에서 남의 생명을 체험하고 남의 생명 속에서 자신의 생명을 체험한다.

그가 선으로 생각하는 것은 생명을 유지하고, 촉진하고, 발전할 수 있는 생명을 그 최고의 가치까지 끌어올리는 것이다. 또한 그가 악으로 생각하는 것은 생명을 파괴하고, 손상하고, 발전할 수 있는 생명을 억압하는 것이다. 이것이 윤리적 사고의 필연적인 원리이다.

지금까지의 윤리는 인간에 대한 인간의 태도만을 문제 삼아 왔지만 이것은 잘못이다. 자신의 생명을 소중하게 생각하는 인간은 다른 모든 생명체에 대해서도 그와 똑같은 책임감을 느껴야 한다. 인간의 생명이든 동식물의 생명이든 모든 생명을 신성하게 생각하고 어려움에 빠진 생명을 헌신적으로 도와줄 때만 인간은 윤리적일 수 있다.

그러므로 생명에의 외경 속에는 사랑, 헌신, 동정, 공동의 기쁨, 협력 등의 모든 노력이 포함된다. 그런데 세계는 지금 생명 의지의 분열이라는 비극에 빠져 있다. 자신의 생명만을 보존할 욕심으로 서슴없이 다른 생명을 파괴하고 희생시키는 행위가 곳곳에서 벌어지고 있는 것이다.

슈바이처의 생각은 사람들이 그런 이기심을 버리고 생명에의 외경심으로써 모든 생명을 끌어안을 때에만 인류는 현재의 비극에서 벗어나 참된 문화를 건설할 수 있다는 사상으로 정리되었다. 이로써『문화 철학』전반에 대한 구상이 분명해진 것이다.

그는 책을 네 부분으로 나누었다.

첫째, 현대의 문화 상실과 그 원인에 대하여.

둘째, 생명에의 외경과, 윤리적 세계관을 확립하기 위해 지금까지의 유럽 철학이 해 왔던 시도와의 비교 연구.

셋째, 생명에의 외경이라는 세계관에 대한 설명.

넷째, 문화 국가에 대하여.

전쟁이 끝나고 스트라스부르에서 활동하던 시절, 슈바이처는 두 번째 권의 주제가 되는 여러 철학의 비교 연구에 열중했다. 그리고 가족과 함께 귄스바흐로 돌아왔을 무렵에는 그간의 연구를 바탕으로 해서 두 번째 권의 집필이 진행되어 가고 있었다.

그러나 이 무렵 여러 대학으로부터 문화 철학과 원시 기독교 문제에 관한 강의를 해 달라는 초청이 들어와 자주 여행을 해야 했기 때문에 집필은 종종 중단되어야 했다. 또 랑바레네의 병원에 대한 보고 강연을 통해 사업을 계속하기 위한 자금도 조달해야 했다. 그리고 파이프오르간 연주회를 통해 다시 아프리카에 가 있을 몇 년 동안 자신과 가족이 쓸 생활비를 마련하지 않으면 안 되었다.

1921년 가을, 슈바이처는 스위스에 가 있었다. 11월에는 그곳에서 다시 스웨덴으로 갔다. 1월 말에는 스웨덴에서 옥스퍼드로 갔는데 데일 재단의 부탁으로 그곳 맨스필드 칼리지에서 강의를 하기 위해서였다. 그다음에는 버밍엄의 셀리 오크 칼리지와 케임브리지, 런던 종교 학회에서 강의를 했다. 영국에서는 또한 몇 번의 파이프오르간 연주회도 가졌다.

1922년 3월 중순, 그는 연주회와 강연회를 위해 영국에서 다시 스웨덴으로 돌아갔다. 그리고 귀국하자마자 다시 몇 주일 동안 스위스에서 연주회와 강연회를 가졌다.

그해 여름 동안은 아무 방해도 받지 않고 『문화 철학』에 몰두할 수 있었다. 그러나 가을에는 다시 스위스로 갔다. 그다음에는 코펜하겐 대학 신학부 초청으로 그곳에서 윤리학 강의를 했고, 이어 덴마크의 여러 도시에서 파이프오르간 연주회와 강연회를 가졌다.

그리고 1923년 1월에는 오스카 크라우스 교수의 초청으로 프라하에서『문화 철학』을 강의했다.

그 몇 해 동안 그는 얼마나 훌륭한 경험들을 했던가!

아프리카로 떠날 때 슈바이처는 세 가지 희생을 각오했었다. 즉 파이프오르간을 단념하고, 그렇게도 사랑했던 대학 교직을 버리고, 경제적 독립을 상실하게 되어 앞으로의 생활을 친구들의 도움에 의존할 각오를 해야 했던 것이다. 그에게 그것이 얼마나 힘든 일이었는지는 그의 가까운 친구들만이 알고 있었다.

그런데 이제 그에게는 아브라함이 자신의 아들을 제물로 바치려 했을 때와 같은 일이 일어났다. 그도 아브라함처럼 제물을 면제받았던 것이다.

파리의 바흐 협회가 보내 준 열대용 피아노로 그는 아프리카에서도 파이프오르간 연습을 계속할 수 있었다. 4년 반에 걸친 원시림의 고독 속에서 바흐와 더불어 조용한 시간을 보낸 덕분에 그는 바흐의 작품 정신에 더욱 깊이 파고들 수 있었다. 그리하여 그는 자신의 파이프오르간 솜씨를 완전하게 연마하고 유럽으로 돌아올 수 있었고, 따라서 아마추어 예술가로 남지 않고 음악가로서 이전보다 더욱 인정받게 되었다.

또한 스트라스부르 대학의 교직은 그만두었지만 대신 여러 대학에서 강의를 할 수 있었기 때문에 그 보상은 받은 셈이었다.

가끔 경제적 독립을 상실한 적도 있었지만 이제는 파이프오르간과 문필 활동을 통해 그것을 다시 얻을 수 있었다.

그런 체험들은 그에게 크나큰 용기와 힘을 주었다. 그로써 그는 전쟁 기간 동안 겪어야 했던 온갖 고난 속에서도 꿋꿋하게 버틸 수 있었고 어떠한 어려움이나 체념도 기꺼이 받아들일 수 있었다.

1923년 봄, 그는 마침내『문화 철학』의 처음 두 권을 완성했다. 첫 권의 제목은 '문화의 몰락과 재건'이었고, 둘째 권의 제목은 '문화와 윤리'였다. 그리고『문화와 윤리』의 인쇄 교정을 볼 즈음에 그는 이미 아프리카로 떠나기 위한 짐을 꾸리고 있었다.

떠나기에 앞서 슈바이처는 버밍엄의 셀리 오크 칼리지에서 했던 '기독교와 세계 종교'에 관한 강연 원고를 인쇄에 넘길 수 있도록 손질했다. 그리고 짐을 꾸리는 한편으로 자신의 유년 시절과 소년 시절에 대한 회상기를 썼다. 그것을 쓰게 된 것은 그의 친구인 취리히의 유명한 정신분석학자 피스터 박사를 만난 것이 계기가 되어서였다.

1923년 초여름, 슈바이처는 서스위스에서 동스위스로 가는 도중 취리히에서 두 시간 정도 머무르게 되어 그의 집에 들렀다. 그때 그는 슈바이처에게 어린 시절에 일어난 일들을 생각나는 대로 이야기해 달라고 했다. 어떤 소년 잡지에 싣기 위해서였다.

뒷날 그는 이 두 시간 동안의 대화를 기록한 원고를 슈바이처에게 보내 왔다. 슈바이처는 그것을 완성할 수 있도록 자신에게 맡겨 줄 것을 부탁했다. 그리하여 아프리카로 떠나기 직전, 비와 눈이 섞여 내리던 어느 일요일 오후에 그는 어린 시절을 돌이켜볼 때마다 자신을 감동시키곤 했던 생각들을 더듬으며 『나의 유년 시절과 소년 시절』의 맺음말을 쓸 수 있었다.

다시 아프리카로 돌아가다

1924년 2월 14일, 슈바이처는 랑바레네를 향해 스트라스부르를 출발했다. 슈바이처 부인은 건강이 좋지 않았을 뿐 아니라 이제 갓 다섯 살이 된 딸 레나를 돌봐야 했기 때문에 이번에는 동행할 수 없었다. 대신 옥스퍼드 대학의 젊은 화학도 노엘 질스파이가 슈바이처의 길동무가 되었다. 그는 슈바이처를 도와주라는 어머니의 부탁으로 몇 달 동안 아프리카에 가 있을 예정이었다.

보르도에서 배를 탈 때, 슈바이처는 세관 관리의 의심을 샀다. 항해 중에 답장을 쓸 생각으로 아직 답장을 보내지 못한 편지들을 감자 자루 네 개에다 가득 넣어 가지고 있었기 때문이었다.

세관 관리는 일찍이 그렇게 많은 편지를 가지고 다니는 여행자

를 만나 본 적이 없었다. 더욱이 당시에는 프랑스에서 돈을 가지고
나가는 것이 엄격히 금지되어 있었기 때문에 그는 슈바이처가 이
편지들 속에 지폐를 숨겨 놓았을 것이라고 생각했던 것이다. 그러

나 한 시간 반 동안 편지를 한 장 한 장 조사하더니 두 번째 자루가 끝나자 그는 결국 머리를 흔들며 단념하고 말았다.

4월 19일 부활절 전에 슈바이처와 노엘은 랑바레네에 도착했다.

병원 건물로 남아 있는 것은 조그마한 골함석 바라크와 대나무 오두막의 단단한 나무 뼈대뿐이었다. 7년이나 떠나 있는 사이에 나머지 건물들은 모두 썩어 허물어지고 만 것이다. 병원에서 언덕 위의 사택에 이르는 길은 풀과 덩굴로 뒤덮여 길이 어디서 구부러졌는지조차 알아볼 수 없을 정도였다.

무엇보다도 시급한 것은 사택과 아직 똑바로 서 있는 두 건물의 썩어서 구멍이 뻐끔뻐끔한 지붕을 아쉬운 대로 수리하는 일이었다. 다음에는 무너진 오두막들을 다시 일으켜 세워야 했다.

이 일은 여러 달이 걸린 데다 무척 힘들었기 때문에 슈바이처는 사도 바울의 신비주의에 관한 원고를 마무리할 수가 없었다. 이 원고는 1911년에 시작한 것으로 이번에 두 번째로 아프리카로 가져온 것이었다.

이 몇 달 동안 슈바이처는 아침에는 의사 노릇을 하고 오후에는 목수 노릇을 하며 시간을 보냈다. 전쟁이 끝나자 다시 번창하기 시작한 목재 무역이 일할 만한 노동력을 모두 앗아가 버렸기 때문에 지난번 그곳에 머무를 때와 마찬가지로 일꾼을 구할 수가 없었다.

환자 수는 계속 늘어만 갔다. 그래서 1924년과 1925년 사이에 유럽에서 의사 두 명과 간호사 두 명을 새로 오게 했다.

병원은 1925년 가을이 되어서야 완전히 복구되었다. 그런데 그 해에 심한 흉년이 닥쳤다. 동시에 무서운 이질이 퍼지기 시작했다.

이 두 가지 상황 때문에 슈바이처와 조수들은 여러 달 동안 눈코 뜰 새 없이 바빴다. 입원한 환자들에게 먹일 양식을 구하기 위해 그들은 슈바이처의 스웨덴 친구들과 유틀란트 친구들이 각각 기증한 두 대의 모터보트에 나눠 타고 수도 없이 여행을 하지 않으면 안 되었다.

이질이 퍼지자 병원을 좀 더 넓은 장소로 옮겨야 했다. 그러나 선교소 내에서는 더 넓힐 데가 없었다.

그곳에서 슈바이처가 사용할 수 있는 땅은 모두 강과 늪과 가파른 언덕으로 둘러싸여 있었다. 거기다 건물을 세워 보았자 옛날처럼 기껏 50명 정도의 환자와 보호자를 수용할 수 있을 정도지 매일 150명씩이나 되는 인원을 수용할 수는 없을 터였다.

병원을 복구할 때 슈바이처가 그 점을 생각하지 않은 것은 아니었지만 그는 환자가 그렇게 많은 것이 일시적인 현상이길 바랐다. 그런데 환자는 날이 갈수록 늘었고, 이질 환자는 당연히 격리 수용되어야 하는데도 그럴 수가 없었기 때문에 결국 병원 전체가 전염되고 말았다.

또 하나의 불행은 정신병 환자를 위한 충분한 방이 마련되어 있지 않다는 것이었다. 의사와 조수들을 위한 작은 방 두 칸도 모두 만원이었기 때문에 때로는 몹시 위급한 환자마저 받아 줄 수가 없는 형편이었다.

결국 슈바이처는 병원을 상류 쪽으로 3킬로미터 떨어진 지점으로 옮기기로 결심했다. 그곳에서는 병원을 마음대로 확장할 수 있었다.

그는 사업을 지원해 주는 친구들을 믿고 이번의 이사를 계기로 감히 막대한 비용을 들여 언제나 수리를 필요로 하는 대나무 오두막을 골함석 바라크로 바꾸기로 마음먹었다.

이제 슈바이처는 병원 일을 동료인 네스만 박사와 라우터부르크 박사, 얼마 후 네스만 박사와 교대한 트렌츠 박사에게 거의 맡기다시피 했다. 그리고 자신은 선정된 장소에서 나무를 베고 집을 짓는 인부들의 감독이 되었다.

이 직책은 그가 맡지 않을 수 없었다. 환자의 보호자들과 회복되어 가는 환자들로 이루어진 '지원자'의 무리는 항상 바뀌기 때문에 이른바 '노의사'의 권위 이외에는 아무것도 인정하려 들지 않았던 것이다.

병원에 일할 남자가 한 사람도 없어서 슈바이처 자신이 직접 충실한 두 동료의 손을 빌려 대들보를 세우고 마루를 깔아야 하는 날도 많았다. 하루는 환자의 보호자로 보이는 흰옷 입은 흑인이 나무 그늘에 앉아 있는 것이 눈에 띄어 슈바이처가 그를 소리쳐 불렀다.

"여보게! 손 좀 잠깐 빌리세!"

그러자 그 흑인은 대답했다.

"저는 인텔리입니다. 나무를 자르는 일 같은 건 하지 않습니다."

슈바이처는 고개를 끄덕이며 말했다.

"운이 좋은 사람이구먼. 나도 인텔리가 되려고 생각했지만 결국 안 되더군."

그러던 어느 날 나무를 자르는 인부들을 감독하고 있던 중에 그는 프라하의 독일 대학 철학부에서 자신에게 명예 철학 박사 학위를 수여했다는 소식을 들었다.

건축 부지가 마련되자 슈바이처는 땅을 개간하기 시작했다.

원시림에서 밭을 얻는다는 것은 얼마나 기쁜 일인가!

그 후부터 그는 병원 주위에 에덴 동산을 가꾸기 위해 일을 계속했다. 씨를 뿌려 길러 낸 어린 과일나무도 수백 그루나 심었다. 이 과일나무에 언젠가는 많은 과일이 열려 아무나 마음대로 따 먹을 수 있게 될 것이다. 그렇게 되면 도둑질도 없어질 것이다.

병원 주위의 원시림 속에는 망고나무와 기름야자나무가 굉장히 많았다. 그것들을 휘감고 있던 덩굴들과 햇빛을 가리고 있던 거목들을 베어 내자 그 나무들도 곧 열매를 맺기 시작했다.

유감스러운 것은 더위와 습기 때문에 이곳에서는 과일을 보존할 수 없다는 점이었다. 과일들은 따기만 하면 곧 썩어 버렸다.

에덴 동산이 있기는 해도 환자의 급식에 필요한 많은 양의 바나나는 언제나 인근 여러 마을에서 사들일 수밖에 없었다. 그러나 바나나 역시 저장이 안 되기 때문에 부근에 충분한 수확을 올리는 바나나 농장이 없을 경우에 대비해서 언제나 상당한 양의 쌀을 저장해 두어야만 했다.

곧장 새 병원을 짓지 않고 먼저 낡은 병원을 수리한 것은 잘한 일이었다. 그때 얻은 경험이 새 병원을 짓는 데 큰 도움이 되었기 때문이다. 원주민으로 처음부터 끝까지 그와 함께 일한 사람은 모넨찰리라는 목수 한 사람뿐이었는데, 슈바이처는 그의 도움을 진심으로 고맙게 생각했다. 다행히 마지막 몇 달 동안은 스위스에서 온 젊은 목수 하나가 슈바이처를 도와주었다.

시간은 빠르게 흘러갔다.

2년이 지나면 다시 유럽으로 돌아가려던 슈바이처의 계획은 이번에도 역시 물거품이 되고 말았다. 그는 3년 반 동안을 그곳에 머물렀다.

뜨거운 햇볕 속을 쉴 새 없이 돌아다니다 보니 저녁에는 지쳐서 글을 쓸 수가 없었다. 파이프오르간용 페달이 달린 피아노로 규칙적인 연습을 하는 것이 고작이었다. 그리하여 바울의 신비주의는 이번에도 결국 미완성으로 남게 되었다.

건물의 일부가 완성되자 1927년 1월 21일, 환자들을 새 병원으로 옮겼다.

그날 저녁 슈바이처는 마지막 배편으로 정신병 환자들을 데리고 그곳으로 올라갔다. 감시인들은 조금도 싫증을 내지 않고 환자들에게 새 병원에 가면 마루를 깐 방에서 지내게 된다고 되풀이해서 설명해 주었다. 그때까지 쓰던 낡은 병원 바닥은 마루가 아니라 축축한 땅바닥이었던 것이다.

그날 밤 슈바이처가 새 병원 주위를 한바퀴 돌아보고 있을 때 사방에 피워 놓은 모닥불 가에서, 그리고 모기장 속에서 환자와 보호자들이 외치는 소리가 들려왔다.

"선생님, 정말 좋은 집이에요! 정말 좋아요!"

그가 아프리카에서 활동을 시작한 이래 처음으로 그의 환자늘이 인간다운 숙소에 수용된 것이었다.

1927년 4월, 슈바이처는 병원 주위의 원시림을 개간하는 인부들의 감독을 막 도착한 러셀 부인에게 맡겼다. 이 부인은 인부들을 복종시키는 재주가 있었다. 그녀의 지도 아래 농장도 만들기 시작했다.

그해 여름까지 그는 여러 채의 바라크를 더 지었다. 이로써 필요한 경우 200명 이상의 환자와 보호자들을 수용할 수 있는 병원을 갖추게 된 것이다. 이질 환자들을 위한 격리 병동과 정신병 환자들을 위한 건물도 새로 지었다.

이제 병원 내부 시설이 그런대로 갖추어졌기 때문에 슈바이처는 병원을 동료들에게 맡기고 귀국을 생각할 수 있게 되었다.

7월 3일, 그는 랑바레네를 떠났다.

귀국하여 2년 동안은 다시 이전처럼 연주회와 강연회를 위한 여행으로 대부분의 시간을 보냈다. 1927년 가을과 겨울은 스웨덴과 덴마크에서, 1928년 봄과 여름은 네덜란드와 영국에서, 가을과 겨울은 스위스, 독일 그리고 체코슬로바키아에서 지냈다.

한번은 그가 고향인 알자스를 방문할 것이라는 계획이 알려지자 소식을 전해 들은 수많은 친지와 각계 인사들이 그를 환영하기 위해 기차역으로 마중을 나왔다. 기차가 도착하자 그들은 일등칸으로 우르르 몰려갔다. 그런데 아무리 기다려도 슈바이처의 모습은 보이지 않았다.

사람들이 허둥대고 있을 때 맨 뒤쪽에 있는 삼등칸에서 내려 플랫폼을 걸어 나오는 한 신사의 모습이 눈에 띄었다. 슈바이처였다.

신문 기자들이 달려가서 물었다.

"박사님, 어째서 삼등칸을 타고 오셨습니까?"

슈바이처는 빙긋 웃으며 별일 아니라는 듯이 대답했다.

"사등칸이 없어서 삼등칸을 타고 왔습니다."

그렇듯 그의 소박하고 검소한 생활을 보고 이제는 좀 편히 살아도 되지 않겠느냐고 충고하는 사람들도 없지 않았다. 그러나 그때

마다 그의 대답은 그가 연주나 강연을 통해 벌어들이는 돈 중에서 자신을 위해 쓸 돈은 한 푼도 없다는 것이었다.

1929년에 슈바이처는 독일에서 여러 번 연주 여행을 했다. 여행을 하지 않을 때는 부인, 딸과 함께 슈바르츠발트의 산간 요양지 쾨니히스펠트나 스트라스부르에서 지냈다.

랑바레네에 가 있는 의사나 간호사들이 그곳 기후를 견디지 못하거나 가정 사정으로 인해 예정보다 빨리 귀국하게 되는 수가 많았는데, 그럴 때마다 슈바이처는 그들을 대신할 사람을 가능한 한 빨리 찾아 보내 주어야만 했다. 이것은 몹시 힘들고 마음 조이는 일이었다. 슈바이처를 좇아 아프리카에서의 봉사를 결심한 그들 의사들 가운데 스위스 출신의 에리히 될켄 박사는 1929년 10월 랑바레네로 가던 도중, 그랑드 바삼 항에서 심장마비로 갑작스레 세상을 떠나기도 했다.

유럽에 와 있는 동안 슈바이처는 틈나는 대로『사도 바울의 신비주의』에 매달렸다. 이 원고를 세 번씩이나 아프리카로 가져가고 싶지는 않았기 때문에 그는 유럽에 도착하자마자 다시 이 일에 몰두하기 시작하여 한 장 한 장 차분히 완성해 나갔다.

『사도 바울의 신비주의』의 마지막 장을 그는 1929년 12월, 보르도에서 카프 로페스로 가는 배에서 썼다. 머리말은 크리스마스 다음 날 랑바레네로 가는 기선에서 썼다. 그 배에는 슈바이처 외에 그의 부인과 여의사 안나 슈미츠 박사, 실험실에서 일하게 될 마리 세크레탄 양이 함께 타고 있었다.

세 번째로 아프리카에 도착해 보니 병원에서는 또다시 건축 공사가 진행되고 있는 중이었다. 슈바이처가 도착했을 무렵에는 이질이 거의 자취를 감추었지만 이 전염병이 한창 기승을 부릴 때는 이질 환자들을 위한 바라크가 턱없이 부족했다. 그래서 부근에 있는 정신병 환자 병동에 이질 환자들을 수용하고 정신병 환자들을 위해서는 새 병동을 짓지 않을 수 없었던 것이다.

그동안 얻은 경험 덕분으로 새 병실은 그전에 지은 병실들보다 더 튼튼하면서도 환기가 잘 되고 채광이 좋았다. 정신병 환자들을 위한 병동을 짓는 공사가 끝난 다음에는 개인용 침대를 갖춘 중환자용의 대형 바라크와 바람이 잘 통하고 도난의 위험이 없는 식량 창고, 그리고 흑인 간호 보조원이 거처할 수 있는 숙소를 세워야만 했다.

슈바이처는 병원 일을 보는 틈틈이 충실한 흑인 목수 모넨찰리의 도움을 받아 만 1년 동안 이 모든 것을 스스로 완성해 냈다.

이때 알자스 출신의 젊은 목재상 추버 씨가 오고우에 지방에 머무르는 것도 이제 마지막이라면서 병원을 위해 자신의 건축 지식을 동원해 준 덕분에 시멘트로 만든 큼직한 빗물 수집통 몇 개와 환기가 잘 되는 시멘트 건물이 한 채 더 생겼다. 이 시멘트 건물은 식당과 공동 휴게소로 사용되었다.

1930년 부활절 무렵, 슈바이처 부인은 그곳 기후로 다시 건강이 나빠져서 유럽으로 돌아가지 않으면 안 되었다. 여름에 알자스 출신 의사 마일랜더 박사가 새로 도착했다.

이제 슈바이처의 병원은 사방 수백 킬로미터에 이르는 지역까지 널리 알려져 있었다. 환자들은 카누를 타고 몇 주일씩이나 걸려 랑바레네를 찾아왔다. 유럽에서 사업을 후원해 주고 있는 친구들 덕분에 슈바이처와 그의 동료들은 필요한 시설을 완벽하게 갖춘 수술실도 가질 수 있게 되었다. 약국에는 흔히 쓰이는 약품들은 물론이고 열대병 치료에 쓰이는 값비싼 약도 갖다 놓을 수 있게 되었으며, 가난하여 식량을 살 수 없는 환자들에게 무료 급식도 할 수 있게 되었다.

이제 슈바이처는 랑바레네에서 일하는 것이 즐거웠다. 무엇보다도 의사와 간호사가 충분했기 때문에 지치도록 일하지 않고도 할 일을 다 할 수 있게 된 것이 기뻤다.

병원에는 아직도 여러 가지 힘든 일이 있었지만 그전처럼 '힘에 겨운' 일은 없었기 때문에 그는 환자들을 돌보면서도 저녁이면 얼마든지 정신 노동을 할 수 있었다. 물론 수술 환자나 중환자들 때문에 걱정이 되어 다른 일을 생각할 수 없을 때는 여가를 이용해서 하는 이런 일들이 여러 날 또는 여러 주일 동안 중단되기도 했다. 그래

서 세 번째로 아프리카에 머무르는 동안 쓰기로 계획했던 첫 번째
저술인 『나의 생애와 사상』을 집필하는 데 꼬박 몇 개월이 걸렸다.

그러나 슈바이처는 그 모든 것을 기쁨과 감사로 받아들였다. 자
신을 아프리카로 이끌어 준 하나님과, 사업을 도와주는 유럽의 친
지들에게 하루하루 감사하는 마음으로, 환자를 치료할 때는 치료
하는 일에, 병원 공사를 할 때는 공사에, 책을 쓸 때는 집필에, 파이
프오르간을 연습할 때는 연주에 온 정성을 기울였다.

원시림의 거대한 침묵 위로 어둠이 내릴 때면 그는 베란다 창가
에 앉아 생각에 잠겼다. 침묵 속으로 온갖 생명의 소리들이 찾아들
었다. 그는 그런 생명들에 둘러싸여 그들과 함께 호흡하면서 소중
한 생명을 돌보고 가꾸는 일에 헌신할 수 있다는 사실에 대해 새삼
벅찬 감동을 느끼며 오래오래 창가에 앉아 있곤 했다.

인류에게 바친 삶

슈바이처가 살던 시대는 1, 2차 세계 대전으로 정신문화는 쇠퇴하고 과학과 기술 문명이 크게 발달하면서 인류가 윤리적 빈곤기를 맞이하고 있던 시기였다. 마치 브레이크가 고장 난 자동차처럼 세계는 윤리적 지주를 잃은 채 물질문명의 질주에 이끌려 가고 있었다. 슈바이처는 당시 사람들이 처한 정신적 위기에 심각한 우려를 느끼고 윤리 회복과 문화의 재건을 부르짖으며 이를 직접 시도하고 실천한 인물이었다.

슈바이처는 자신의 삶에 두 가지 체험이 그늘을 드리우고 있다고 말했다. 그 하나는 이 세상이 헤아릴 수 없는 신비와 고통으로 가득 차 있다는 것이고, 다른 하나는 인류의 정신적 쇠퇴기에 자신이 살고 있다는 것이었다.

슈바이처의 어린 시절과 젊은 날은 행복 그 자체였다. 그러나 일찍부터 주위의 불행과 고통에 눈을 떴기에 그의 삶은 주어진 행복 속에서 단순하고 안일하게 흘러갈 수 없었다.

"누구든지 고통을 맛본 사람이라면 다른 사람의 고통을 덜어 줄 책임과 의무를 느껴야 할 것이다. 우리들은 이 세상에 있는 불행의 무거운 짐을 덜어 주기 위해 함께 일하지 않으면 안 된다."

그는 끊임없는 사색을 통해 인류가 나아가야 할 새로운 방향을 제시하고 고통받는 생명들 속에서 자신이 걸어가야 할 참된 길을 발견했다. 그리고 자기와 같은 시대를 살아가는 사람들에게도 사고의 중요성과, 생각하는 인간에 의해서만 인류는 미래에 대한 희망을 발견할 수 있음을 강조했다.

그는 사람들이 날마다 자기 생각에 대해 자신을 가질 수 없게 만드는 여러 가지로부터 영향을 받고 있다는 사실을 지적했다.

그들의 정신적 독립을 방해하는 요소들은 그들이 보고 듣고 읽는 모든 것 속에 들어 있다. 물론 그런 요소들은 그들이 만나는 사람이나 그들이 속한 단체, 직장에도 있다. 그것들은 그들의 생활 구석구석에 퍼져 있다.

사람들은 그들에 대해 권리를 가지고 있는 개인이나 조직으로부터 삶에 필요한 진리와 믿음을 받아들이도록 강요당한다. 이것은 막대한 자본을 가진 회사가 거리마다 번쩍이는 네온 광고를 통해 자기 회사 물건을 선전하는 것과 같다. 사람들은 광고를 통해 구두약이나 인스턴트 수프를 사라고 강요당하는 것처럼 자기 생각이 아닌 여러 가지 믿음을 받아들이도록 강요당하고 있다.

그런 날이 되풀이되면서 사람들은 차츰 자신의 생각을 의심하기 시작한다. 자기 자신의 독자적인 생각에 대한 자신감을 잃고 사회가 권하는 권위 있는 생각들을 받아들이게 되는 것이다.

그들은 일에 지쳐 정신 집중을 할 수 없는 산만한 인간들이기 때문에 이와 같은 바깥으로부터의 영향에 대해 적절한 저항을 할 수가 없다. 그뿐만 아니라 결코 벗어날 수 없는 여러 가지 물질적인 어려움이 그들의 심리 상태에까지 영향을 주기 때문에 그들은 결국 스스로가 독자적인 생각을 내세울 자격이 없는 하찮은 인간이라고 믿게 된다.

그들의 자신감은 날마다 쏟아져 나오는 새로운 지식에 의해서도 압력을 받는다. 그 새로운 지식을 충분히 이해하지 못하면서도 받아들이지 않으면 안 되기 때문에, 사람들은 자신이 실제로는 그 지식을 제대로 이해하지 못하듯이 생각에 있어서도 자신의 판단력이 충분하지 못할 것이라는 생각에 사로잡히게 되는 것이다.

슈바이처는 사람들의 자신만만한 태도 뒤에 숨어 있는 그와 같은 정신적 불안을 보았다. 그들은 자기만의 독자적인 생각을 통해 진리에 도달해 보겠다는 용기를 잃어버린 채 아무런 사상도 없이 이런저런 의견들 사이를 떠밀려 다니고 있었다.

그러나 강요된 진리는 아무리 그럴듯해 보이는 것이라 하더라도 그 깊은 내면으로부터 사람들의 생각과 하나로 결합될 수 없기 때문에 그들의 불안을 없애 주지 못한다. 단지 잠깐잠깐 불안의 뚜껑을 덮는 데 그칠 뿐이다. 어디까지나 자기 자신의 독자적인 생각에서 태어난 진리만이 생생하게 살아 있는 진리가 될 수 있는 것이다.

이런 믿음이 있었기 때문에 슈바이처는 사람들 속에 다시 생각의 불길을 점화하는 일에 참여하는 것을 자신의 책임으로 삼았다. 생명에의 외경은 사람들을 생각으로 이끌 수 있는 방법에 대한 그의 오랜 탐구로부터 태어난 사상이다.

이 사상은 인간과 세계가 어떤 관계를 가지고 있는가 하는 현실적인 문제를 현실적으로 해결해 준다.

세계에 대해 인간이 아는 것은 자신이 '살려고 하는 생명에 둘러싸인, 살려고 하는 생명'이라는 사실뿐이다. 그리고 이것은 모든 사람의 가슴속에 언제나, 가장 직접적으로 자리 잡고 있는 생각이다.

만일 인간이 이 문제에 대해 깊이 생각하게 된다면 그는 자신의 생명과 자신을 둘러싸고 있는 다른 모든 생명에 대해 외경심을 느끼고 이를 행동으로 표시하지 않을 수 없게 될 것이다. 그렇게 되면 그의 삶은 모든 점에서 자기 자신만을 위해 살 때보다 힘들어지겠지만 동시에 더욱 풍부하고 아름답고 행복해질 것이다.

생각하는 인간에게는 모든 생명이 신성하다. 인간의 입장에서 볼 때 지극히 하찮아 보이는 생명조차도 그에게는 신성한 외경의 대상이 된다.

그는 어쩔 수 없는 경우, 예를 들어 두 생명 가운데 한 생명을 살리기 위해 다른 생명을 희생시킬 수밖에 없는 경우를 빼고는 생명 사이에 차이를 두지 않는다. 그리고 이런 경우에도 그는 자신이 절대적으로 옳은 것은 아니며, 어쩔 수 없이 희생된 생명에 대해 책임을 져야 한다는 사실을 잊어버리지 않는다.

슈바이처는 흑인들을 위해 새로운 수면병 치료제가 생긴 것에 감사했다. 그러나 현미경으로 수면병 균을 볼 때마다 그는 다른 생명을 구하기 위해 이 생명을 죽여야 한다는 데 대해 가책을 느꼈다.

어느 날 그는 원주민들이 모래톱에서 잡은 어린 물수리를 그들의 잔인한 손에서 구하기 위해 샀다. 그러나 그날 이후로 그는 이놈을 굶겨 죽일 것인지, 아니면 이놈을 살리기 위해 매일 작은 물고기들을 몇 마리씩 죽여야 할 것인지 결단을 내려야만 했다. 그는 물고기들을 죽이는 쪽을 택했지만, 매일 자신의 책임 아래서 하나의 생명을 위해 다른 생명을 희생시켜야 한다는 것이 얼마나 괴로운 일인지를 절실히 느꼈다.

그처럼 피할 수 없는 경우가 아닌 한 그는 결코 생명을 죽이지 않았다.

언젠가 슈바이처가 병원 공사를 위해 땅을 파다가 개미집을 건드린 적이 있었다. 보통 사람들 같으면 공사를 계속하는 데만 정신이 팔려 개미집 따위는 거들떠보지도 않았을 것이다. 그러나 그는 개미들이 완전히 이사를 마칠 때까지 기다렸다가 비로소 다시 땅을 파기 시작했다.

슈바이처의 생명 외경은 인간이나 동물만을 향한 것이 아니었다.

한번은 병원에서 일하는 의사가 큰 나뭇가지 사이에 막대기를 걸쳐서 흔들 침대를 만든 일이 있었다. 슈바이처는 지나가다가 그 광경을 보고 그 의사를 크게 꾸짖었다.

"비록 나무가 말을 하지는 못하지만 얼마나 아프고 괴롭겠는가?"

이렇듯 슈바이처는 내가 나를 존중하는 것처럼 모든 살아 있는 존재를 존중하기 위해 항상 자신을 채찍질하고 노력해야 한다고 강조했다. 특히 인간은 수많은 다른 생명의 희생 위에서만 자신의 생명을 유지할 수 있는 입장에 서 있기 때문에, 생명 유지 이외의 욕심이나 오락을 위해 다른 생명을 괴롭히거나 해치는 일을 해서는 안 된다고 가르쳤다.

생명에의 외경은 온 우주를 대상으로 하는 사랑의 윤리이다. 그리고 우주와 자신의 관계에 대한 진지한 사색을 통해 인간은 누구나 그와 같은 우주적 사랑에 도달할 수 있다.

슈바이처는 그가 비관적이냐 낙관적이냐 하는 질문에 대해 자신이 세상을 보는 눈은 비관적이지만 그 의욕에 있어서는 낙관적이라는 대답을 들려주곤 했다.

비관이란 모든 일을 슬프고 절망적으로 생각하는 태도이다. 반대로 낙관은 매사를 즐겁고 희망적으로 바라보는 태도를 말한다. 슈바이처는 세상이 고통으로 가득 차 있다는 것을 누구보다 깊이 꿰뚫어 보고 있었지만 그 때문에 절망에 빠지지는 않았다. 그럴수록 사람들 각자가 희망을 가지고 자신의 삶을 긍정하면서 항상 열정적으로 인생을 살아가야 한다는 것이 그의 생각이었다.

『나의 생애와 사상』에 기록된 그의 회고에는 삶에 대한 슈바이처의 그와 같은 태도가 잘 표현되어 있다.

"나의 삶 속에도 때때로 커다란 근심과 고통과 슬픔이 닥쳐온다. 내가 그토록 강하지 못했더라면 그 아래 쓰러지고 말았을 것이다. 나에게 지워진 책임과 피로의 짐을 감당해 나간다는 것은 매우 힘든 일이었다. 내 생활에서 나를 위한 시간은 많지 않았다. 심지어 아내와 어린 내 아이에게 바칠 시간조차 없었다. 그렇지만 나는 축복 속에 살고 있다. 나는 자선을 위해 봉사할 수 있었고, 내 활동은 성공을 거두었다. 나는 많은 사랑과 친절을 경험했고 내 일을 자기 일처럼 여겨 주는 충실한 조력자들도 만날 수 있었다. 나는 내게 주어진 모든 것을 행복이라 생각하고 받아들인다. 그리고 여기에 대해 감사를 바쳐야 할 것이라고 생각한다."

그는 항상 존재하는 것이 존재하지 않는 것보다 가치 있다는 굳건한 믿음을 가지고 있었다. 때문에 어떤 어려움 속에서도 세상을 긍정하고 삶에 대한 의욕을 간직할 수 있었다. 생명에의 외경심을 불러일으키는 것은 바로 그런 의욕이다. 살려고 하는 의욕이 살려고 하는 다른 생명에 대해 외경을 느끼게 되는 것은 당연한 일이기 때문이다.

제1, 2차 세계 대전이라는 사상 유례 없는 비극을 겪으면서 인류의 미래에 대해 심각한 위기의식을 느낀 세계는 슈바이처의 그와 같은 삶과 사상에 깊은 공감을 표했다. 1928년 괴테상이 수여된 것을 시작으로 아카데미 프랑세즈는 1951년에 그를 회원으로 추대했으며, 1952년에는 스웨덴 한림원이 그에게 노벨 평화상을 헌정했다.

슈바이처는 노벨상 상금으로 나환자촌을 세웠다. 그리고 강연을 통해 세계 평화를 강조하고 원자력에 의한 세계 멸망의 위기에 대해 인류가 이성을 가지고 대처해 나갈 것을 호소했다.

1960년에는 프랑스로부터 독립한 적도 아프리카의 가봉 공화국이 가봉 최고의 훈장인 적도성십자훈장을 수여함으로써 그가 흑인에게 베푼 사랑에 대한 감사의 뜻을 표했다.

그러는 사이 그에게 커다란 슬픔이 닥쳐왔다. 40년간 헌신적으로 그를 뒷바라지해 온 부인 헬렌이 1957년 일흔 살의 나이로 세상을 떠난 것이다. 슈바이처는 이 슬픔을 바쁜 병원 일과 저작 활동으로 이겨 나갔다.

그 무렵 랑바레네의 병원은 매일 수십 명의 백인 의사와 간호사들이 수백 명의 환자를 돌보는 대규모의 병원으로 성장해 있었다. 슈바이처는 그 수많은 동료와 환자의 사랑과 존경을 한 몸에 받으며 나이를 잊은 채 진료에 몰두했다.

그가 세상을 떠나기 직전 프랑스에 있는 친구에게 보낸 마지막 편지에는 평생토록 봉사와 헌신의 외길을 걸어 마침내 인생의 종착역에 도착한 노의사의 담담한 심경이 잘 나타나 있다.

자네가 다시 답장을 받기 전에 아마도 난 죽을 것 같네. 내가 죽었다는 소식을 듣더라도 슬퍼하지 말게나. 난 나 자신이 세상에서 가장 축복받은 사람이라고 생각하네. 불쌍한 사람들을 섬기는 사업에 60여 년간 헌신할 수 있었고 오늘 아흔 살의 늙은 몸을 이끄는 이 순간까지 그 일을 계속할 수 있으니 말일세.

그는 1965년 9월 4일, 자신이 평생을 바쳐 이룩해 놓은 랑바레네의 병실에서 딸 레나가 연주하는 바흐의 파이프오르간 곡을 들으며 조용히 눈을 감았다. 랑바레네의 등불이 꺼진 것이다.

세계는 그의 죽음을 애도했다. 어버이처럼 자애롭던 노의사를 잃은 가봉 국민들의 슬픔은 더욱 컸다. 그러나 슈바이처가 아프리카에 뿌린 사랑의 씨앗은 그 뒤 수많은 사람의 가슴으로 전파되어 아름다운 꽃을 피우고 열매를 맺었으며, 그의 뜻을 잇고자 하는 수많은 의료인이 아프리카에서의 그의 사업에 지원했다.

또한 '생명에의 외경'이라는 그의 사상은 환경 파괴와 오염 문제가 날로 심각해져 가고 있는 오늘날, 일찍부터 생명 존중과 자연 보호를 부르짖었던 선구적 사상으로서 새롭게 조명되고 있다.

오늘날 인류는 자연을 경제적으로 이용만 하던 과거의 태도에서 벗어나 윤리적으로 보전해야 할 새로운 요청에 직면하게 되었다. 이제 사람들은 자연계의 가장 보잘것없는 생명의 죽음이 인류 전체의 멸망을 예고한다는 사실에 눈뜨게 되었다. 저 깊은 산골짝에 사는 한 마리 물고기가 죽으면 다음에는 우리 인간이 죽을 차례가 온다는 사실을 깨닫게 된 것이다.

원시림의 나무를 보호하기 위해 필요 이상으로 병원을 확장하는 것을 경계하고, 자연계의 하찮은 생물에게조차 무한한 동정심을 가지고 사랑을 베풀었던 슈바이처의 정신은 오늘날의 인류가 본받아야 할 하나의 구체적인 모범을 제시하고 있다. 그뿐만 아니라 지금 이 시각에도 세계 곳곳에서 벌어지고 있는 전쟁과 인명 살상의 비극 속에서 모든 인류가 생명 존중의 마음과 이성의 힘으로 그러한 비극에 대항해야 한다고 주장했던 그의 호소는 더욱 큰 울림으로 다가오고 있다.

이제 저 알자스 소년의 발자취를 답사하는 길고 아름다운 여정을 끝내면서 우리는 깊은 감동으로 그가 인류에게 남겨 준 위대한 교훈을 되돌아본다. 슈바이처가 위대한 것은 그가 단순히 음악, 철학, 신학, 의학 등 여러 분야에서 그토록 눈부신 성과를 거두었기 때문이 아니라 그런 재능들이 모두 인류의 발전이라는 공동의 목적을 위해 바쳐졌기 때문이다.

슈바이처는 스물한 살의 젊은 나이에 자신의 삶을 인류에게 바치겠다는 결심을 했다. 그리고 그 결심이 자신에게 요구한 길을 평생 흔들림 없이 걸어갔다.

한 인간이 고결한 뜻을 세우는 것도 어려운 일이다. 그러나 그 뜻대로 실천하며 산다는 것은 더욱 어려운 일이다.

그렇지만 슈바이처가 우리에게 보여 주었듯이 언제나 마음의 소리에 정직하게 귀 기울이며 그 소리가 이끄는 대로 한 발 한 발 성실하게 나아간다면 우리도 누구나 자신의 주위를 밝히는 아름다운 등불이 될 수 있다.

슈바이처 연보

1875년   독일 고지 알자스의 카이저스베르크에서 루터교 목사 루
        트비히 슈바이처와 목사의 딸인 어머니 사이의 둘째 아이
        로 태어나다. 이후 귄스바흐의 목사관에서 누이 셋, 남동
        생 하나와 더불어 행복한 어린 시절을 보낸다. 그러나 이
        웃의 가난과 불행에 대한 자각은 이미 이때부터 그의 가슴
        깊이 자리 잡아 뒷날 그가 아프리카 원주민들을 위한 봉사
        의 삶을 살기로 결심하는 데 밑거름이 된다.

        다섯 살 때 아버지로부터 피아노를 배우기 시작, 일곱 살
        때는 자작한 화음을 붙여 가며 페달식 오르간의 일종인 하
        모늄으로 찬송가를 연주하여 선생님들을 놀라게 한다. 여
        덟 살 때부터는 파이프오르간을 연주하기 시작하고, 아홉
        살이 되자 교회 예배 시간에 파이프오르간 연주자를 대신
        해도 좋다는 허락을 받는다.

1884년   가을까지 귄스바흐의 마을 학교에 다니다가 그해 가을부
        터 1년간 뮌스터에 있는 실업 학교에서 공부하다.

1885년   가을, 알자스의 뮐하우젠 고등학교 입학. 고등학교에서 슈

바이처가 흥미를 느낀 과목은 역사와 자연과학이고, 작문에 특히 뛰어남을 보인다. 어학과 수학 등 다른 과목은 별로 신통치 않았으나 공부에 흥미를 갖고 성실히 노력해 최우등생은 아니지만 우수한 편에 들다.

고등학교 시절, 슈바이처는 4급 반 담임이었던 베만 선생님과 음악을 가르치던 묀히 선생님으로부터 큰 영향을 받는다. 베만 선생님으로부터 올바른 공부 방법을 배우고, 그가 자신감을 가질 수 있도록 여러 가지로 세심한 배려를 받게 된다. 묀히 선생님으로부터는 훌륭한 파이프오르간 교습을 받았으며, 이분의 영향으로 슈바이처는 바흐의 작품 세계에 눈뜨게 된다.

1893년 6월, 고등학교 졸업 시험에 합격. 역사에서 받은 '수'를 제외하면 나머지 과목은 평범한 성적이다. 같은 해 10월, 파리에 살고 있던 마틸데 큰어머니의 주선으로 파리의 파이프오르간 거장 위도르 교수로부터 사사받을 기회를 얻게 되었다. 이후 위도르 교수와 슈바이처는 스승과 제자이자 음악의 동료로서 평생 두터운 우정을 쌓아 가게 된다.

1893년 10월 말, 스트라스부르 대학 입학. 대학에서 슈바이처는 신학과 철학을 공부한다. 이 무렵 그의 음악 공부를 도와준 사람은 뮐하우젠 고등학교의 묀히 선생님과 형제간이며 스트라스부르 성 빌헬름 교회의 파이프오르간 연주자이자 바흐 합창단 지휘자로 있던 에른스트 뮌히이다. 바흐 연구에 조예가 깊었던 이분 덕분에 슈바이처는 젊은 나이에 바흐 작품들과 친숙해진다.

1896년 여름, 슈바이처는 앞으로 자신의 인생을 이끌어 갈 중요한 결심을 하게 된다. '서른 살까지는 학문과 예술을 위해 살고, 그 이후부터는 인류에 직접 봉사하는 삶을 살겠다'는 결심이다. 스물한 살 때 했던 이 결심은 그의 나이 서른 살 되던 해에 실제 행동으로 옮겨진다.

1898년 5월, 제1차 신학 시험에 합격하여 성 토마스 회와 신학부가 공동으로 주관하는 골 장학금을 받다. 그러나 신학 논문에 앞서 철학 박사 학위 논문부터 착수하기로 결심하고 소르본 대학에서 철학 강의를 들으면서 위도르 교수 밑에서 파이프오르간 공부를 계속할 목적으로 같은 해 10월 말 파리로 떠난다. 파리에 머무르고 있던 중 뮌히 선생님이 장티푸스로 세상을 떠났다는 소식을 듣고 슈바이처는 선생님을 기념하기 위한 작은 책을 쓴다. 『오이게네 뮌히』라는 제목으로 뮐하우젠에서 출간된 이 책이 슈바이처의 최초의 저서이다.

1899년 7월 말, 칸트의 종교철학에 관한 논문으로 철학 박사 학위를 받다. 모교 철학부의 전임강사가 되어 달라는 권유를 받았으나 목사가 되어 설교를 하고 싶다는 보다 강한 욕구에 이끌려 이 권유를 사양한다. 곧바로 신학 학위 논문에 매달리는 한편, 그해 12월부터 스트라스부르에 있는 성 니콜라이 교회의 목사로 일하기 시작한다.

1900년	7월, 최후의 만찬에 관한 논문으로 신학 박사 학위 받음. 이어 예수의 수난과 메시아의 신비를 다룬 두 번째 논문으로 1902년 스트라스부르 대학 신학부 전임강사 직에 취임한다. 강의와 교회 일을 병행하면서, 이 기간 동안 슈바이처는 서른 살 때부터 인류를 위해 직접 봉사하겠다고 한 결심을 실천에 옮길 수 있는 길을 여러 가지로 모색하기 시작한다.
1904년	가을, 파리 선교회가 발행한 잡지에서 '콩고 아프리카가 필요로 하는 것'이라는 제목의 기사를 읽음으로써 그의 오랜 모색은 끝이 난다. 몇 달 뒤 자신의 서른 번째 생일날 슈바이처는 마침내 의사가 되어 적도 아프리카 원주민을 위한 봉사의 삶을 살기로 최종적인 결심을 굳힌다.
1904년	가을, 스트라스부르 대학의 의과대학에 등록하고 10월 말 첫 강의를 듣는다.
1905년	위도르 교수의 권유로 쓰기 시작한 바흐 연구서 『음악가,

시인 요한 제바스티안 바흐』프랑스어판 출간. 이 무렵부터 파이프오르간 연주 여행이 부쩍 잦아진 데다 대학 강의와 교회 일도 함께 해 나가야 했기 때문에 슈바이처는 의학 공부를 위해 남들보다 몇 곱절의 노력을 들이다.

1906년   『예수 생애 연구사』출간. 같은 해『독일과 프랑스의 오르간 제작법과 오르간 음악』출간하다.

1908년   독일어판『바흐』출간. 5월, 의예과 졸업 시험을 치르고 임상 학기로 진급하다.

1910년   12월, 의학 국가시험의 최종 시험을 치르다. 이어 2년간의 인턴 생활을 마침으로써 마침내 7년에 걸친 힘든 의학 공부를 끝내고 예수의 정신세계를 연구한 논문으로 의학 박사 학위를 받다.

파리 선교회가 활동을 벌이고 있는 프랑스령 적도 아프리카의 랑바레네를 자신의 의료 활동 근거지로 정하고 출발을 위한 준비를 시작하다. 1912년 봄, 스트라스부르 대학의 신학 교직과 성 니콜라이 교회의 목사 직을 내놓고 그해 봄을 파리에서 지내면서 열대 의학을 공부하는 한편, 친지들을 대상으로 병원을 세우는 데 필요한 자금 모금 활동을 펼치다.

6월 18일, 헬렌 브레슬라우와 결혼. 아프리카에서 슈바이

처의 활동을 돕기 위해 간호학을 공부한 헬렌은 그 뒤 40
여 년 동안 그의 헌신적인 동반자가 되어 주다.

위도르 교수와의 공동 작업으로 아프리카로 떠나기 전부
터『바흐의 오르간 작품』에 대해 연구 집필하다.

1913년 3월, 슈바이처는 부인과 함께 고향 귄스바흐를 출발하여 4월
16일 랑바레네에 도착하다. 도착하자마자 환자들이 밀어
닥쳤으나 진료실이 없어 처음에는 낡은 닭장을 개조하여
진료실로 사용하다.

1914년 8월, 유럽에서 제1차 세계 대전 발발. 독일인이었던 슈바
이처 부부는 포로 신분이 되어 사택에 감금된 채 외부인과
의 일체의 접촉을 금지당하다. 그가 근방에서 유일한 의사
였기 때문에 오래지 않아 감금은 풀렸으나 1917년 두 사
람은 유럽으로 송환되어 가레종과 생 레미 수용소에서 포
로 생활을 하게 된다.

전쟁이 터진 직후부터 슈바이처는 인류 문화의 위기와 그
재건에 관한 새로운 책을 쓰기 시작했다.『문화 철학』이라
제목을 붙인 이 책에서 슈바이처는 '나는 살려고 하는 생
명에 둘러싸인, 살려고 하는 생명이다'라는 유명한 명제로
부터 출발하는 '생명에의 외경' 사상을 주창함으로써 인류
의 각성을 촉구하다.

1918년	7월, 교환 포로로 석방되어 고향으로 돌아오다. 9월, 스트라스부르 시장으로부터 시립병원의 의사 자리를 맡아 달라는 제의를 받고 이를 수락하다. 아울러 아프리카로 떠나기 위해 그만두었던 성 니콜라이 교회의 부목사 직을 맡아 다시 교회 일을 보기 시작하다.
1918년	11월 11일, 휴전 협정 체결. 알자스가 독일령에서 프랑스령으로 넘어가게 되어 이때부터 슈바이처도 프랑스 국적을 갖게 되다. 휴전 후 2년 동안 슈바이처는 독일에서 굶주리고 있는 친구들을 돕기 위해 라인 강 다리에 있는 세관을 통해 여러 번 식량을 보낸다.
1919년	1월 14일, 딸 레나 태어나다.
1920년	봄, 스웨덴의 웁살라 대학에서 『문화 철학』에 대해 강의를 하다. 이어 스웨덴의 여러 도시에서 파이프오르간 연주회와 강연회를 열어 전쟁 중 병원을 운영하기 위해 졌던 빚을 갚을 만한 돈을 모으게 되자 다시 아프리카로 돌아갈 결심을 굳힌다. 이해에 스위스의 취리히 대학에서 슈바이처에게 명예박사 학위를 수여한다.
1921년	4월, 스트라스부르 시립 병원 의사 직과 성 니콜라이 교회 부목사 직을 내놓고 앞으로의 생계를 파이프오르간과 문필에만 의존할 결심으로 고향으로 돌아온다. 같은 해, 아

프리카에서의 4년 반 동안의 경험을 담은 회고록『물과 원시림 사이에서』출간하다. 그 후 유럽의 여러 대학과 도시에서 강연회와 연주회를 열면서『문화 철학』의 집필에 몰두하다.

1923년   봄,『문화 철학』1, 2권을 출간하다.

1924년   2월에는『나의 유년 시절과 소년 시절』집필을 끝내다.

1912년부터 위도르 교수와의 공동 작업인『바흐의 오르간 작품』이 다섯 권으로 완성되어 출간되다.

2월 14일, 스트라스부르를 떠나 다시 랑바레네로 향하다.『물과 원시림 사이에서』가 출간된 후 세계는 그를 '밀림의 성자', '인류의 양심'이라고 부르며 그의 활동에 커다란 관심을 보이기 시작하고, 이에 용기를 얻은 슈바이처는 온갖 어려움을 무릅쓰고 그동안 폐쇄되었던 랑바레네의 병원을 다시 일으켜 세운다. 병원 재건 사업에 몰두하고 있는 동안 슈바이처는 프라하의 독일 대학 철학부에서 명예 철학 박사 학위를 수여한다는 소식을 듣는다.

1927년   7월, 귀국하여 2년 동안 다시 유럽 각 도시에서 연주회와 강연회를 하며 보내다.

1928년   괴테상 수상하다.

1929년   12월, 랑바레네로 돌아가 2차 세계 대전 중에도 유럽으로

	돌아가지 않고 아프리카 흑인들을 위한 진료에 몰두하다.
1930년	『사도 바울의 신비주의』 출간하다.
1951년	제1, 2차 세계 대전이라는 참극을 겪은 세계는 슈바이처의 생명 존중 사상과 인류에 대한 헌신에 깊은 공감과 존경의 뜻을 표하다. 아카데미 프랑세즈는 그를 회원으로 추대하다.
1952년	스웨덴 한림원이 그에게 노벨 평화상을 헌정하다. 슈바이처는 '현 세계의 평화 문제'라는 노벨상 수상 기념 강연을 통해 세계 평화를 강조하고 원자력에 의한 세계 멸망의 위기에 대해 인류가 이성을 가지고 대처해 나갈 것을 호소한다. 이때 받은 상금으로 랑바레네에 나환자촌을 건립하다.
1955년	영국 엘리자베스 2세 여왕이 메리트 훈장을 수여하다.
1960년	프랑스로부터 독립한 적도 아프리카의 가봉 공화국이 가봉 최고의 훈장인 적도성십자훈장을 수여함으로써 그가 아프리카 흑인들에게 베푼 사랑에 감사의 뜻을 표하다.
1957년	40여 년간 슈바이처를 뒷바라지해 온 그의 부인이 일흔 살의 나이로 세상을 떠나다. 슈바이처는 병원 일과 저작 활동으로 슬픔을 이겨 나가다.
1965년	9월 4일, 슈바이처는 자신이 평생을 바쳐 이룩해 놓은 랑바레네의 병실에서 딸 레나가 지켜보는 가운데 조용히 눈을 감다. 이때 그의 나이 아흔 살이다.

아프리카의 성자

슈바이처

ⓒ 황영옥, 2004

초　판 1쇄 발행 2004년 2월 7일
개정판 1쇄 발행 2012년 12월 26일
　　　 3쇄 발행 2022년 5월 3일

지은이　　황영옥
펴낸이　　강병철
펴낸곳　　더이룸출판사
출판등록　1997년 10월 30일 제1997-000129호
주소　　　10881 경기도 파주시 회동길 325-20
전화　　　편집부 02) 324-2347 경영지원부 02) 325-6047
팩스　　　편집부 02) 324-2348 경영지원부 02) 2648-1311
이메일　　jamoteen@jamobook.com

ISBN 978-89-5707-716-0 (44990)